もっと！おうちの科学

暮らしに効く

55の
おいしい知恵と
なるほどコラム

内田麻理香 著
赤塚千賀子 イラスト

丸善出版

まえがき

誰しも、よそ行きの顔と普段着の顔があります。科学にも、そのような「よそ行きの科学」と「普段着の科学」があると、私は考えます。私たちは、生きている間にさまざまな科学の話題に触れています。まず、学校教育の場で教えられた科学があります。または、ニュースで報道される最先端の研究成果かもしれません。これらはよそ行きの科学です。それらの科学は専門の人たちによって整えられ、とっておきの姿で登場します。

でも、そのかたわらに普段着の科学もあるのです。それは、私たちの身のまわりのあちこちに転がっています。くつろいだ様子をしているので、一目では科学とわかりません。また、科学とは関係なさそうな、さまざまな分野に潜んでいるので、よけい見つけにくいのです。

この本では、料理やくらしにまつわる、普段着の科学としての「おうちの科学」を紹介します。料理には科学的な側面が隠れているし、くらしにも科学の「なぜ？」の種がたくさんひそんでいるのです。

どうか、気軽に普段着の科学をお楽しみください。身近にあるいろいろな格好をした科学を探し出す「めがね」を手に入れることができるでしょう。そのめがねは、毎日の生活を楽しくする道具になりえます。そして、縁遠く感じがちな、よそ行きの科学も楽しむ一歩にもなるはずです。

それでは、おうちの科学の世界へご案内しましょう！

2013年6月　内田麻理香

もくじ　おいしい！

002 日本酒造りの鍵は水の硬度　発酵を左右して味わいを決める

004 スイカに塩　甘みの増強効果　舌ではなく脳で感じる

006 炭火でバーベキュー　遠赤外線でうまみギュッ！　素早く焼けて表面はパリッ

008 氷水で一気に冷やすとこしのあるそうめんに　表面に「膜」をつくりうまみ守る

010 お手頃価格の肉をおいしく食べるには？　タマネギで軟らかく変身

012 金網にくっつかない　魚の上手な焼き方は？　十分に熱し「凝着」を防ぐ

014 貯蔵したカボチャはなぜ甘くなる？　でんぷんが糖に変わる

016 丸めたアルミホイルで簡単にゴボウの皮むき　「接触面積」を増やす

018 クレープ作りで生地を寝かせるのは？
強すぎるコシが弱まる

020 身崩れや生臭さのない煮魚を作るこつは？

落としぶたを使いさっと

022 ダイコン汁をつけた包丁　鏡もちが切りやすく
酵素の力ででんぷん分解

024 先に入れるのはどっち？「ミルクティー論争」
苦味消すならミルクから

026 喉ごしの良いそばは小麦粉の割合が多い
グルテンが「つなぎ」の役割

028 ホイップクリームはジャムを入れ短時間で
ペクチンが泡立ちを促進

030 生卵の鮮度を長く保つには？
呼吸する「気室」を上にする

032 しらたき、なぜ牛肉から離す？

カルシウムが肉を硬くする

034 干しシイタケ　生よりもうま味があるのは？

乾燥で酵素が大活躍

036 根菜は水 葉物は湯からゆでる
栄養素や色素を保護する

038 ポテトサラダに二つの鉄則
「熱いうち」「冷めてから」

040 カレーにとろみがつくのは？
でんぷんの「糊化」による

042 サンマに塩をふるのは？
水分が抜け形良く美味に

044 里芋を下ゆでするのは？
ぬめりとれ味が染みる

046 お酒の後に締めのラーメン
機能回復へ体が欲求

048 しわのない黒豆を煮る
砂糖を何回かに分けて

050 おもちを焼くと軟らかくなるのは？
加熱するとαでんぷんに

052 本場のキムチは発酵食品
酸味増し腐りにくい

もくじ なるほど！

056 包丁を温めるとパンがきれいに切れる？
熱が油脂を溶かすから

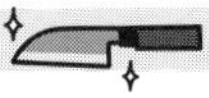

058 キュウリの白い粉は新鮮な証し
ろう物質が覆い保湿効果

060 肉を赤く発色させるミオグロビンの働き
空気に触れると鮮やかになる

062 反射か吸収か　どちらでUVカットする？
どちらの日傘も同じ効果

064 新聞紙で窓ガラスを拭くとピカピカに
インキの油が汚れを取る

066 赤さび防止に黒さびが一役
鍋の表面覆い酸化を防ぐ

068 使う布の違いじゃない　木綿豆腐と絹ごし豆腐
凝固のさせ方が異なる

070 冬が近づいてくるとどうして葉が落ちる？
栄養分を無駄にしない

072 納豆のねばねば　正体はいったい何？
糖とタンパク質が合体し粘る

074 ガラスや陶磁器はなぜ割れやすい？
原子の結合にばらつき

076 室内外に気温差　どうして「結露」できる？
ガラスで冷え気体変化

078 混ぜると危険な洗剤　有毒の塩素ガス発生
生ごみや酢も反応の恐れ

080 リンゴの皮についたベタベタの正体は？
熟成のサイン「油上がり」

082 燻製にすると腐りにくくなるのは？
熱分解の過程で殺菌分子

084 不純物が宝石をつくる
「さび」が生む深い発色

086 とろろのかゆみ　酢で撃退
針状の結晶が溶ける

088 梅干しが赤くなるのは？
シソ色素が梅酢変色

090 鏡よ鏡、どうして物を写すの？
反射率の高い銀のおかげ

092 圧力鍋で短時間調理
沸騰温度が20度上昇

094 イカの皮むき　酢でなぜ簡単に？
接着剤役の成分変性

096 塩麹でなぜ食材にうまみ？
菌や酵素が分解し生む

098 生ビールの「生」って何？
加熱せずろ過で除菌

100 こんにゃくの上手な保存法は？
袋の中の液体に戻す

102 魚の臭みはどこから来るの？
体内反応で原因物質

104 温度を保つ優れもの魔法瓶の秘密
「熱伝導」「熱放射」

106 味覚はどのように形成される？
食体験重ね安全を理解

108 消しゴムで消えない色鉛筆
材料が紙の繊維に入る

110 金属アレルギーを防ぐには
汗をかくときは外して

112 大掃除の味方！メラミンフォーム
細かい繊維が汚れを除去

おいしい!

おいしい食事は、私たちを幸せにしてくれます。自分で作った料理でも、誰かに作ってもらった料理でも、その気持ちは変わらないでしょう。そして、そのおいしいものには、科学がひそんでいるのです。おばあちゃんの知恵とよばれているような昔からの言い伝えにも、科学的な根拠があるものが少なくありません。料理のレシピは、いわば実験の手順書なのです。何気なく口にしている食品も、科学的要素がふんだんに織り込まれていて、科学のことばで語ることができます。「サンマを焼く時に塩をふるのはなぜ？」「日本酒の味には水の硬度が関係している？」などのお話を紹介しながら、「おいしい！」科学の世界にご招待します。

日本酒造りの鍵は水の硬度

旅行先での楽しみの一つは「食」。土地それぞれの名産があり、食文化があります。中でも、お酒はさまざまな「顔」を見せてくれます。日本酒だけをとっても相当なものです。

日本酒の味の違いは何に由来するのでしょう？　理由は多々あります。大きな一つは、水の硬度（カルシウムなどの無機物の成分量）です。ちなみに水の硬度が高い水を硬水、低い水を軟水とよびます。もちろん、原料の米も大きくかかわりますが、水は日本酒の８割を占める重要な成分です。「名酒のあるところ名水あり」とは、よくいわれることです。

日本酒は、米を発酵させたものです。発酵は、酵母などの微生物が米を分解してアルコールに変化させる生命の営みです。この酵母の栄養源になるのが無機物なのです。

硬水は酵母の栄養源を多く含むので、発酵の進行を助けます。ですから、短時間で発酵させることができ、酸が多めのしっかりした味わいになります。一般的に硬水からは辛口の酒になることが多いようです。

一方、軟水は無機物が硬水よりも少なくなります。時間をかけた穏やかな発酵となり、なめらかで酸が少なめの味になります。発酵せずに残る糖分が多くなり、甘口の酒になるようです。

発酵を左右して味わいを決める

酒造技術が高くなかった江戸時代は、確実に発酵できる硬水が好まれました。たとえば、江戸時代から、名水の誉《ほま》れ高い灘の「宮水」は硬水です。発酵のときの栄養分となるカルシウム、カリウム、リンを多く含む一方で、酒造りにとって害となる鉄分は少ないという、まさに日本酒造りにぴったりの水です。

日本酒にかかわる人たちは、おいしい酒造りのための鍵となる水の硬度のことを知り尽くしていたのかもしれません。

スイカに塩
甘みの増強効果

夏の風物詩であるスイカ。「スイカに塩をかける」と聞いて、「懐かしい」「びっくり！」「今も実践している」など、いろいろな反応があると思います。

最近は品種改良で甘いスイカが増え、わざわざ塩をかけて、甘みを強くすることは減ったかもしれません。同じように、ぜんざいに塩を入れると甘みが増すことも、よく知られている家庭のわざです。

このようにほかのものを加えることで、ある味が増すことを「増強効果」とよびます。「砂糖に塩」もそうですが、塩味にこしょうなどの香辛料を少し加えると、塩味がしっかり感じられます。

減塩を気にしなければいけないときに、こしょうなどで塩分量を抑えることができるので効果的です。ただ、スイカやぜんざいに塩を加える場合、入れすぎると逆に甘みを弱めてしまうので、気をつけてください。

増強効果は、昔からおばあちゃんの知恵として知られていることですが、実はくわしいメカニズムは解明されていません。ただ、口の味蕾《みらい》で起こっている現象ではないことはわかっています。

味蕾とは、舌にある甘みや塩味を感じる部位のこと。普通は、舌の上でそれらの味を感じ取ります。でも、「スイカに塩」など

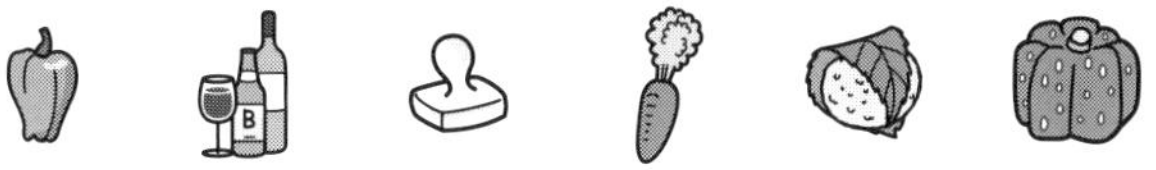

舌ではなく脳で感じる

の増強効果は、味蕾が感じた甘みと塩味の二種類の信号が脳に達してから起こっている現象らしいとのことです。

逆に、味の「抑制効果」もあります。お酢に少量の塩を加えると、酸っぱさが抑えられるのが一例で、二つの味が存在するとき、一方の味が他方の味で弱められる現象です。酢の物やお寿司で感じることができます。

複数の味で、おいしさに深みが増すというのは、不思議なものですね。だからこそ、食の奥深さが生まれるのでしょう。

炭火でバーベキュー
遠赤外線でうまみギュッ！

大勢で楽しめるバーベキュー。炭火で焼いた肉や魚は、ガスの火で焼いたものより、おいしく感じます。これは雰囲気のせいでしょうか？

炭火焼きがおいしいのには、れっきとした理由があります。まずは軽く「電磁波」について、おさらいしてみましょう。電磁波は波の一種で、いろいろな波の長さ（波長）があります。光もその一つで、波長によって色が違います。

火には、いろいろな波長の電磁波が混ざっていますが、その一つが「遠赤外線」。遠くからでも強い熱を直接、食べ物に届けることができる電磁波です。炭火は、この遠赤外線が多く含まれているので、食べ物の中まで素早く熱を通し、表面をパリッと焼いてくれます。そして、炭火は水分が発生しないので、うまみが逃げにくく、おいしく焼けるのです。

一方、ガスの火は、遠赤外線がわずかなので、熱が直接食べ物に届きにくくなっています。つまり、ガスの火では、熱が空気を仲介役にして食べ物に届きます。遠赤外線の多い炭火に比べると、効率が悪いのですね。

ガスの火は、燃えるときに水分が発生するので、水っぽくなってしまいます。強い炎で焼くと焦げやすく、中まで火が通らずに

素早く焼けて
表面はパリッ

うまみが逃げてしまいます。逆に、弱い炎で焼くと時間がかかり、これまた、うまみが食品中の水分とともに逃げてしまい、パサパサになってしまいます。

でも、家でいつも炭火を使うのは無理ですね。おいしく焼く方法はないのでしょうか？　魚などを焼くとき「強火の遠火」という言葉があります。強火で、火と魚を少し離せば、下部だけでなく、全体に熱を行きわたらせるからです。そのために役立つのが足つきの焼き網です。

遠赤外線でのりを乾燥させると、黒ずみの少ない、香り豊かなのりになるにゃ。
いい匂いだにゃ〜
遠赤外線が、のりに含まれる葉緑素を壊さずに乾燥させるからなの

氷水で一気に冷やすとこしのあるそうめんに

暑い季節を乗り切る手助けをしてくれるのがそうめん。ただゆでるだけの簡単な料理ですが、どうせならおいしくいただきたいですよね。

そうめんはゆでた後、冷水にさらします。このとき、常温の水で長い時間かけて冷やすのと、氷水などで一気に冷やすのとでは、どちらがおいしくなるでしょうか？

直感で、みなさんおわかりかと思いますが、氷水で短時間冷やした方が、味も食感も良いそうめんに仕上がります。なぜでしょう？

そうめんは、100 度近いたっぷりのお湯でゆでることが必要ですが、指定の時間以上ゆでると、伸びてしまい、おいしくなくなります。

ゆでた後、すぐに冷やさないと、そうめんに含まれるでんぷんが、水となじんで余分な水を取り込み、水っぽくなったり、切れやすくなったりしてしまうのです。

これが、伸びてしまったそうめんの状態です。温かいままにしておくと、ゆでている状態が続くことになるので、「水でさらす」という作業が必要になるのです。

しかも、表面をできるだけ冷たい温度で急速に冷やすことで、

表面に「膜」をつくりうまみ守る

麺の表面のでんぷんが生の状態に戻り、余分な水分を吸い込みにくく、「膜」を張った状態になります。膜があるので、麺の中にあるおいしい成分が外側に逃げ出すこともなくなるのです。

常温の水で長々と冷やすことは、膜ができないうちに、麺の中のせっかくのおいしさを水に溶かし出していることになるのです。一方、一気に冷水で冷やすと膜ができ、弾力があってくっつきにくい、「納得！」のそうめんになります。

少量のお湯だと、麺を入れたときに温度が下がってしまい、100度近くにならないの

お手頃価格の肉をおいしく食べるには？

肉のおいしさは、基本的に値段に比例しているような気がしますが、そうそう高い肉ばかり買ってはいられません。安くお手頃な肉でも、おいしく食べる方法を科学してみましょう。

肉を加熱すると硬くなるのは、タンパク質の結合組織が収縮するからです。でも、料理する前にこの結合組織をあらかじめ切ったり、緩めたりしておけば、加熱した後も軟らかく、おいしく食べられます。

一つの方法は、料理する前に肉を軽くたたいたり、肉の繊維と直角に包丁を入れて、結合組織を切ったり緩めたりすることです。基本的な下ごしらえとして実践している方も多いでしょう。

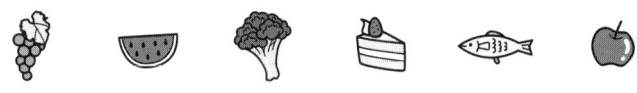

もう一つは台所の常備野菜、タマネギを使うことです。タマネギには、肉の硬い組織を分解して軟らかくするタンパク質分解酵素「プロテアーゼ」が含まれています。すりおろしたタマネギに肉を漬け込めば、プロテアーゼが働いて、硬い肉も軟らかく変身します。肉200グラムに対して、タマネギのすりおろし大さじ一程度で大丈夫です。下味の漬け汁にも、タマネギのすりおろしを使ってみてください。

ちなみに、この酵素プロテアーゼを含む代表的な食べ物として、パイナップルやキウイなどがあります。でも、これらはいつもキッチンにあるわけではありませんし、すりおろしてしまうのはもったいない気がします。

パイナップルと肉の組み合わせで、ある料理を思いつきませんか？　そう、酢豚です。酢豚に入っているパイナップルはプロテアーゼを含むので、食べたときに胃や腸で働いて、消化を助けてくれるのです。

ほんの一手間で、お手頃価格の肉もおいしくいただけるわざ、ぜひ試してみてください。

すき焼きのとき、しらたきや糸こんにゃくを
肉の近くにおいてはダメよ
糸こんにゃく
離すんじゃにゃ！
鍋奉行
肉
モグモグ
こんにゃくを固めるときに使う
石灰に含まれるカルシウムが、
肉を変性させ、硬くしてしまうの

金網にくっつかない魚の上手な焼き方は？

街を歩いていて、焼き魚の香ばしい匂いをかぐと、何だか幸せな気分になりますよね。

焼き魚で面倒なのは、焼いた後の網のお掃除です。網にくっつきやすいので、敬遠してしまう方も多いでしょう。今回はそれを防ぐポイントを二つ紹介します。

一つ目はみなさんもご存じで、実践しているかと思います。網をあらかじめ十分に熱しておくことです。「なーんだ」と、がっかりされるかもしれません。が、これには科学的にきちんとした根拠があります。

タンパク質は立体構造をしていますが、熱によって性質が変わり、凝固します。タンパク質の性質が変わることを「タンパク質の変性」とよびます。熱、圧力、酸、アルカリといった刺激により立体構造が変化し、性質も変わるのです。

とくに動物性のタンパク質は、熱で変性して分子の形が変わると、金属と結びつきやすくなるため、網にくっついてしまいます。「熱凝着」といって、50度くらいで起こります。

しっかり熱していない網に載せて魚を焼くのは、わざわざ熱凝着を起こし魚の表面を網にくっつかせているようなものです。肉を焼くときも熱凝着の現象は起きるのでフライパンなどは十分に

十分に熱し「凝着」を防ぐ

熱しておきましょう。

もう一つの裏技は、焼く前の魚に酢を塗っておくことです。タンパク質は酢でも変性します。焼く前に酢で魚のタンパク質を変性させておけば、熱凝着は起こりません。裏返すときもきれいにできますし、後のお掃除も楽です。少量であれば酢のにおいも熱で揮発し、気になりません。

網の片付けが楽だと焼き魚も苦になりません。科学の力を利用して、存分に楽しんでください。

貯蔵したカボチャはなぜ甘くなる？

日本でも定着したイベント、ハロウィーン。この時季になると街中のあちこちで、かわいらしく、元気が出るカボチャのデコレーションを見かけますよね。

ハロウィーンで使われるオレンジ色のカボチャは「ペポカボチャ」といって、北米南部の乾燥地帯の種です。そして、普段、食卓でおなじみの緑色の皮のカボチャ。こちらは西洋カボチャ、東洋カボチャとありますが、日本に出回っているのは西洋カボチャがほとんど。別名「クリカボチャ」とよびます。

いろいろな種類があるカボチャですが、どれも収穫したては、それほどおいしいものではありません。カボチャはでんぷんとともに、でんぷんを糖に変化させる酵素も含んでいます。

カボチャが貯蔵されている間に、この酵素の働きで、でんぷんは糖に変化します。収穫１カ月後くらいが糖化のピークとなります。ですから、取れたてのカボチャよりも、時間がたったものの方が、甘くおいしく感じられるのです。

日本には、冬至にカボチャを食べる風習がありますよね。これはカボチャの糖化に時間がかかって、晩秋以降に食べごろになること、年末まで日もちする数少ない野菜だったことが理由といわれています。

でんぷんが糖に変わる

　カボチャのでんぷんは、低温での加熱によっても酵素で糖に変化して甘くなります。電子レンジで高温で急に加熱するより、時間をかけて低温で蒸した方がおいしくなるのです。でんぷんを多く含み、でんぷんを糖化させる酵素をもったサツマイモでも、同じことがいえます。

　カロテンが豊富で、皮も果肉も食べることができて、おかずにも、おやつにも使える便利な食材カボチャ。食べごろには、こんな秘密があったのですね。

丸めたアルミホイルで簡単にゴボウの皮むき

煮物に欠かせないゴボウですが、下ごしらえは意外と面倒。皮むきには何を使っていますか？　普通は包丁を使うかと思いますが、包丁よりももっと弱い力、そして短時間できれいに皮をむける裏技を紹介します。

使うのは包丁ではなく、なんとアルミホイルです。軽く丸めてしわくちゃにしたアルミホイルで、ゴボウをこするだけで大丈夫。アルミホイルのでこぼこを多くすることで、ゴボウと接触する面積が増えます。

包丁よりも接触面積が増えると、その分、短時間かつ小さな力で皮がむける、というわけです。私もよくこの方法を実践していますが、驚くほどあっという間にきれいに皮がむけますので、おすすめです。

ゴボウは皮にうま味があります。ゴボウのように皮がおいしい野菜は、必要以上に皮をむいてしまうと、味まで落ちてしまいます。包丁だと厚く皮をむきがちですが、アルミホイルで軽くこするだけなら、その心配もありません。

この接触面積を増やす工夫は、実は料理ではよく使われています。煮物に使う大根やニンジンは面取りしますよね。面取りとは、輪切りや角切りにした野菜の角を薄くそぎ取ることです。この面

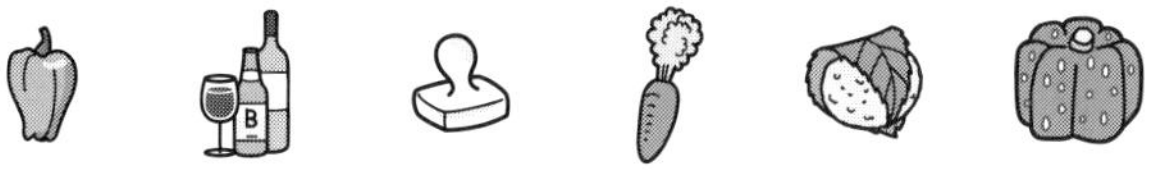

「接触面積」を増やす

取りは煮崩れを防ぐ効果があります。

　これに加えて、表面積を増やして、煮汁との接触面積を大きくし、味を染み込みやすくする意味もあるのです。

　ちなみに、こんにゃくを包丁で切るのではなく手でちぎったりするのも、同じ理由です。手でちぎる方がでこぼこが多くなって、煮汁との接触面積を増やす効果があるからです。

「接触面積」と聞くと難しそうに聞こえますが、実は身近にあふれている算数だったんですね。

クレープ作りで生地を寝かせるのは？

お菓子作りで、比較的身近なのがクレープです。生地を焼き、中に入れるものをたくさん用意すれば、あれやこれや巻いて食べられ、パーティーにも向いています。

基本的な作り方は、小麦粉（薄力粉）、卵、牛乳を混ぜるだけ。でもレシピには、その後、生地を「休ませる」「寝かせる」と書かれています。そもそも休ませる、寝かせるって、どういうことなのでしょう？

混ぜ合わせたばかりの生地は「弾性」（コシ）が強すぎて、そのままでは使えません。生地のコシをつくっている小麦粉の「グルテン」というタンパク質は、生地を休ませている間に変化していきます。

グルテンは、小麦粉に含まれる二種類のタンパク質「グルテニン」と「グリアジン」が水を吸収して次々とつながったものです。網目状の構造で、生地を形作るのに大切な役目をしています。

混ぜたばかりの生地の中では、このグルテンの構造が無理に引き伸ばされた状態になっています。それ以上に力を加えて生地を伸ばしたりしようとすると、コシ、つまり元の状態に戻ろうとする力の方が強く、伸ばしにくいのです。

でも、生地をしばらく放置すると、コシがだんだん弱くなり、

伸ばしやすくなっていきます。これは、グルテンの網目構造の中で、とくに無理な力で引き伸ばされている部分が切れ、構造全体に余裕ができてくるためと考えられています。

また、混ぜたばかりの生地は、焼いている途中で急激に縮んで切れてしまったりします。ですから、クレープを「休ませる」「寝かせる」時間は必須なんですね。

おいしいクレープを作るために、じっと待つことにしましょう。

身崩れや生臭さのない煮魚を作るこつは？

お手軽な食材である肉に比べて、何かと敬遠しがちな魚。でも、魚も上手に使って、料理のレパートリーを広げたいところですよね。

煮物は時間をかけてコトコト煮込むとおいしくなる…、そう思って煮魚を作ると、身は崩れ、生臭い仕上がりになってしまいます。魚の場合は肉とは違うのです。

魚肉の筋肉や構造、タンパク質の成分は、牛や豚などの畜肉とは異なり、加熱し過ぎると硬くなります。同時に崩れやすく、繊維状にほぐれやすくなります。長時間加熱すると、おいしくなくなり、見た目も悪くなってしまうのです。

煮魚をきれいにおいしく作るこつは、短時間でさっと煮ることです。あらかじめ作っておいた煮汁を煮立て、そこに魚を入れてタンパク質を熱で手早く凝固させます。魚のうま味成分であるイノシン酸を閉じ込めてしまうのです。

生臭さのもとであるトリメチルアミンなどが、熱で揮発して消えるというメリットもあります。煮汁にショウガを入れておけば、さらに生臭さを抑えることができます。

うま味や栄養が溶け出すのを防ぐために、煮汁はなるべく少なめにすることもポイントです。

落としぶたを使いさっと

ここで登場するのが落としぶた。熱を有効利用できるのはもちろん、魚が動くのを防ぎ、身も崩れにくくなります。

さらに煮立った汁が落としぶたに当たり対流します。魚の上からかかる煮汁の効果で短時間でも味がしっかりつくようになります。鍋より一回り小さく切ったクッキングシートを使っても大丈夫です。

おいしい煮魚のポイントは、煮立った煮汁と、落としぶた。この二つだけと考えると挑戦しやすくなりますよね。

ダイコン汁をつけた包丁 鏡もちが切りやすく

お正月の行事である鏡開き。鏡開きは本来、お正月に飾っていて硬くなったおもちを、金づちなどでたたくのがしきたりのようです。でも、現在は包丁で切る場合がほとんどだと思います。鏡もちに限らず、硬いおもちを包丁で切るのは骨の折れる仕事です。少しでも簡単にするこつはないものでしょうか？

お年を召した方は「おばあちゃんの知恵」としてご存じかもしれません。おもちを切るときにダイコンを切りながら切るとよいとのこと。これにはれっきとした科学的根拠があります。

ダイコンには、アミラーゼという酵素が含まれています。酵素とは、人間をはじめ、動植物などの生体で起こる化学反応を活性化させる分子です。反応を活発にさせる分子のことを「触媒」とよび、とくに生体内で働く触媒のことを酵素とよぶのです。

酵素の構造を簡単にいうと、カルシウムやナトリウムなどのミネラルのまわりに、タンパク質が巻き付いた状態です。中心になるミネラルの種類やタンパク質の巻き付き方によって、約三千種類の酵素があるとされています。ただ、酵素は一つあたり一つの仕事しかできない特徴があります。つまり「専任」なのです。

ダイコンに含まれるアミラーゼは、でんぷんを分解する作用があります。おもちにはでんぷんが含まれています。ですから、ダ

酵素の力ででんぷん分解

イコンを切ってその汁がついた包丁でおもちを切ると、アミラーゼが包丁とおもちの接触面の粘りや硬さを減らすことが期待できます。

　ちなみに、軟らかいおもちにダイコンおろしをつけて食べるおろしもちは、アミラーゼの消化を助ける仕組みを利用したものです。言い伝えには科学が潜んでいたのですね。ダイコンとおもちの組合せで、ぜひ酵素の力を試してみてください。

アミラーゼの別名はジアスターゼ。こうじ菌からジアスターゼの抽出に成功したのが高峰譲吉なの
軟らかくて、おいしいにゃ～
古くからお餅にダイコンおろしをつけて食べると胃がもたれない、と言われていたのがヒントになった、と伝えられているのよ

先に入れるのはどっち？「ミルクティー論争」

紅茶には何を入れますか？　ミルク、レモン、それともストレート？　世界中でもっとも紅茶を愛する国、英国では「紅茶といえばミルク」と決まっていて、「ミルクを先に入れるか、紅茶が先か」でたびたび論争が起きるという話です。さて、この「ミルクティー論争」を科学的にひもといてみましょう。

一杯の紅茶には、さまざまな繊細な風味がありますが、中でもほのかな苦味は、紅茶に特徴的なものでしょう。この苦味は、茶葉に含まれるタンニンという成分によるものです。ワインの渋味や苦味を作っているのもタンニンです。

紅茶にミルクを入れると、味がまろやかになります。これは、ミルク自体の甘味のせいもありますが、ほかにも理由があります。

ミルクには、多くのタンパク質が含まれています。折り畳まれた長い鎖状構造をしており、苦味成分のタンニンを包み込みます。つまり、ミルクのタンパク質がタンニンと結合し、紅茶の苦味が消えるのです。

さて「ミルクが先か、紅茶が先か」の問題に戻りましょう。熱い紅茶にミルクを入れると、ミルクのタンパク質が熱で変性します。鎖状の構造が糸玉状構造になってしまい、タンニンを包み込みにくい性質になるのです。ですから、ミルクを入れても紅茶の

苦味消すなら
ミルクから

苦味は残ります。

逆に、カップに先にミルクを注いでおくと、少なくとも紅茶を注いだ瞬間は、全体の温度がタンパク質が変性する温度にまで上昇しません。苦味を消すミルクの特性は残ったままになります。

結論としては「苦味を消したいときはミルクを先に」「苦味を残したいときは紅茶を先に」ということになります。両方試して、お好みの順番で紅茶を楽しんでください。

ミルクティーに入れるミルクは、
常温にしておいた方がいいわよ
温めると独特のにおいがして、
せっかくの紅茶の香りを
覆い隠してしまうから
いい香り
だにゃ〜
ミルクは
常温

喉ごしのよいそばは小麦粉の割合が多い

あなたはそば派ですか？　うどん派ですか？　私はどちらも好きで、甲乙付けがたいです。よく東の人たちはそばを、西の人たちはうどんを好むといわれますが、どうしてでしょうか？

ソバはほかの作物が生育できないようなやせた土地、つまり冷涼地や酸性火山灰土でも栽培できます。ですから、北海道・東北・信越・関東などの火山灰地帯で多く栽培されてきました。

一方で、温暖な瀬戸内沿岸部の黄赤土地帯では、うどんの原材料となる小麦が栽培できました。一般に「東はそば、西はうどん」といわれるゆえんです。

１００％そば粉からできたそばの麺を作るのは至難の業です。なぜかというと、そば粉は小麦粉に入っている粘りやのびの成分であるグルテンをもたず、小麦粉のような粘着性がないからです。

そこで古くは、そば粉を熱湯でこねただけの「そばがき」にして食しました。その後、麺状の「そば切り」にして食べるようになりますが、これはヤマイモや海藻の成分を「つなぎ」として使っていたので、麺としてはもろいものでした。

江戸時代になると、そば粉の「つなぎ」に小麦粉が使われ始め、ようやくしっかりした麺状になり、現在のそばのようになったの

グルテンが「つなぎ」の役割

です。そばが麺として成立するためには、小麦粉の力が必要だったのですね。

そばの食感の好みは、人によってそれぞれでしょう。こしが強くて、喉ごしがよい、というのはそばのもち味のように思えます。

ですが、そば粉でその特質を出すことはできません。いずれも小麦粉に含まれるグルテンによるのです。喉ごしがよいそばは、そば粉に対して小麦粉の割合が多いものになります。

『二八そば』という呼び名には、二説あるのよ
トントン
トントン
ズズー
ズズー

よく知られるのが、小麦粉二割に対して、そば粉八割という分量の割合から。一方、江戸時代のそばの値段十六文(二×八)が由来という説もあるのよ

ホイップクリームはジャムを入れ短時間で

甘党にとっては、見ているだけで幸せな気分になるホイップクリーム。でも、自分で作るのは、少々面倒ですよね。ホイップクリームは泡立て器を使い、生クリームを泡立てて作りますが、時間をかけていると、手が疲れてしまいます。少しでも短時間にする裏技をお教えします。

その裏技とは、かき混ぜる前に生クリームの中にジャムを入れること。10分近くかかるホイップクリーム作りが、なんと２、３分でできてしまうのです。

そもそも、生クリームはどうして泡立つのでしょうか？　生クリームの中には脂肪の塊である脂肪球が散らばっています。この状態で泡立てると、脂肪球がぶつかり合って、次第に骨格を作っていきます。骨格ができあがるときに空気を包み込みます。生クリームが空気を取り囲んで、かさが増すので、ふわふわのホイップクリームになるのです。

生クリームを泡立てるときには、ボウルを氷水で冷やしながらするとよいといわれます。脂肪球の骨格は、低温の方がしっかり形作られるからです。せっかく泡だったホイップクリームも、常温で置いておくと崩れてしまいます。

ジャムを入れる裏技に話を戻しましょう。ジャムにはペクチン

ペクチンが泡立ちを促進

という物質が含まれています。ペクチンとは、植物の細胞壁を構成するのに必要な植物性の接着剤のことです。生クリームの脂肪球が骨格を作るときに、ペクチンが接着剤の役割をするので、より効果的に、より早く生クリームを泡立てることができるのです。

目安としては、生クリーム１パック200 ミリリットルに対し、ジャム大さじ２、３杯。簡単に泡立つ生クリームであれば、お子さんにもお手伝いを任せられますね。

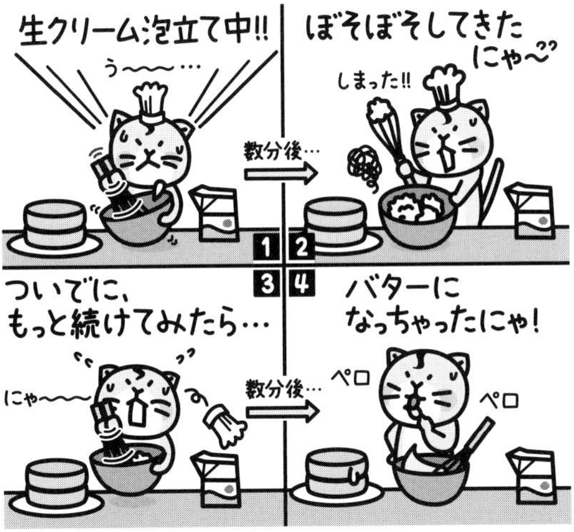

生クリーム泡立て中!!
う〜〜〜…
数分後…
1
ぼそぼそしてきたにゃ〜
しまった!!
2
3
ついでに、もっと続けてみたら…
にゃ〜〜〜
数分後…
4
バターになっちゃったにゃ!
ペロ
ペロ

生卵の鮮度を長く保つには？

キッチンの万能選手である卵。スーパーなどで売られているとき、どちらが上側に置いてあるか、ご存じでしょうか？

実は、とがっている方ではなく、丸みのある方が上になって並んでいます。一見、丸みのある方を下にした方が安定感があるように思えますが、逆なんですよね。丸い方を上にして保存するのには、れっきとした理由があります。探ってみましょう。

まず、生卵についてですが、冷蔵庫で２週間から20日程度と意外に長持ちする食材です。理由は二つあります。

一つは、卵白にリゾチームという抗菌作用のある酵素が含まれているからです。加熱すると、このリゾチームが働かなくなり、抗菌効果もなくなります。ですから、調理済みの卵よりも生卵の方が長く保存できるのです。

もう一つの理由は、生卵が生きているからです。卵の殻には「気孔」というたくさんの小さな穴があり、この穴から呼吸しています。殻つきの生卵は、殻を通じて呼吸できるので長く保存できるのです。

卵の置き方の話に戻りましょう。卵の丸みのある方には「気室」という空洞が開いています。いわば空気の部屋のようなもの

呼吸する「気室」を上にする

です。卵はここに空気をためて呼吸しています。気室を上にして、空気をよく取り込めるようにしてあげれば、鮮度を長く保つことができるのです。

ところで、卵を冷蔵庫に保存する際には、冷蔵庫の扉側がよいのでしょうか？　それとも内側の棚に入れるのがよいのでしょうか？　卵は振動に弱く、そのせいで卵白が劣化してしまうので、動きの多い扉側ではなく、内側の棚に入れるのが正解です。

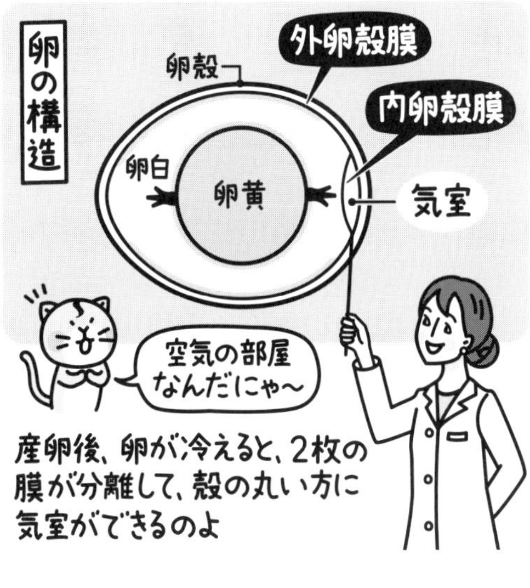
卵の構造
外卵殻膜
卵殻
内卵殻膜
卵白
卵黄
気室
空気の部屋
なんだにゃ～
産卵後、卵が冷えると、2枚の
膜が分離して、殻の丸い方に
気室ができるのよ

しらたき なぜ牛肉から離す？

日本が誇るごちそう「すき焼き」。特別な日やよいことがあった日に、食卓にのぼることも多いと思います。すき焼きにも科学の要素がいっぱいです。今回は「関西風」すき焼きの科学を探ってみます。

すき焼きは、まず熱した鍋に脂身を溶かし、牛肉を入れて炒めます。そこにみりん、砂糖、日本酒、しょうゆなどを入れ、さらに炒めます。しょうゆからはアミノ酸、みりんや砂糖からは糖の成分が生まれます。アミノ酸と糖が加熱されて反応すると、メイラード反応が起きます。

メイラード反応は、おいしい料理に欠かせません。この反応のおかげで、香ばしい匂い、食欲をそそる焼き目が生み出されるのです。牛肉を調味液とあらかじめ炒めておくのは、科学的にも理にかなっているのです。

さて、すき焼きには欠かせない「しらたき」ですが、牛肉と離しておかなければならないといわれます。なぜでしょう？　しらたきはこんにゃくからできています。こんにゃくは、固めるときに水酸化カルシウムで処理されているのです。

一方、肉のタンパク質は、カルシウムに出合うと熱による凝固が早められ、煮えたときに硬くなる性質があります。おいしい肉

カルシウムが肉を硬くする

は軟らかさが決め手。せっかくの高級肉もしらたきのそばでは硬くなってしまう、というわけです。

カルシウムは肉の色にも影響します。肉の色はミオグロビンという色素由来ですが、加熱するとメトミオグロビンという成分になり、褐色に変わります。でも、ここにカルシウムがあると、褐色ではなく、どす黒い色になってしまうのです。

科学的にも正しい作り方で、ごちそうをおいしくいただきましょう。

すき焼きは関東風と
関西風がある
関東風
酒
前もって作っておいた
割り下を鍋に入れ、
肉、野菜を煮る
関西風
先に肉を焼いて
砂糖やしょうゆ
で味付けし、
他の具を入れる
ジュ――

干しシイタケ 生よりもうま味があるのは？

干しシイタケは、日本が世界に誇る保存食です。天日乾燥させることで、水分をとばすだけでなく、紫外線による殺菌効果を利用した伝統的な加工食品です。生よりも味がぐっとよくなります。なぜでしょうか？

干しシイタケのうま味成分は、「グアニル酸」というものです。生の状態では、グアニル酸のもとになる核酸が含まれていますが、グアニル酸の含有量はごくわずかです。

でも、生のシイタケは、核酸を分解してグアニル酸を作る酵素を持っています。干して乾燥している間にこの酵素が働き、グアニル酸が蓄えられるのです。

また、干しシイタケの香り成分は、「レンチオニン」とよばれる物質です。これも生シイタケには含まれていませんが、生にはレンチオニンのもとになるレンチニン酸があります。レンチニン酸自体に香りはありませんが、乾燥させている間に酵素が働いて、香り高いレンチオニンが生まれるのです。

栄養面でも違いがあります。シイタケは、天日で干されている間にビタミンDが数十倍に増えるのです。ビタミンDにはカルシウム吸収効果があります。

つまり、干している間に「うま味」「香り」「栄養」の三つがア

乾燥で酵素が大活躍

ップするのです。昔の人は、シイタケをそのまま食べるよりも、干して食べる方がおいしくなることを知っていたのでしょうね。

ちなみに市販の乾燥シイタケには、自然乾燥させたものと、50 度以上で高温乾燥させたものがあります。干しシイタケの恵みが十分にあるのは天日による自然乾燥品で、高温乾燥させたものはこの効果がありません。買う際は表示を確かめてみてくださいね。

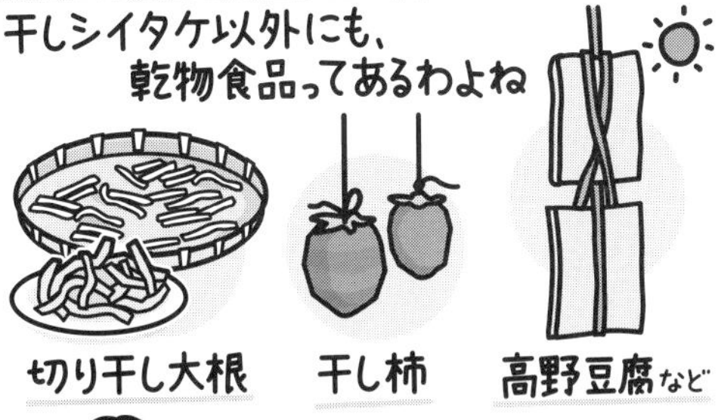
干しシイタケ以外にも、
乾物食品ってあるわよね
切り干し大根
干し柿
高野豆腐など

お日さまの
恵みだにゃ～
ポカ
ポカ
栄養価が高く、
優れた保存食となるのよ☆

根菜は水
葉物は湯からゆでる

野菜をゆでるときに、「根菜は水から、葉物はお湯から」という鉄則をご存じの方は多いでしょう。この鉄則を科学してみましょう。

たとえばジャガイモ。火が通りにくいので沸騰したお湯に入れると、表面だけに火が通り、中心部は生のままです。中まで火を通そうとすると、加熱が長引いてしまいます。

表面と内部では温度上昇の経過が違うので、中心部にちょうどよく熱が通ったころには、外部は加熱されすぎになってしまいます。外部のペクチン質が軟らかくなって細胞膜が破れやすくなり、でんぷんが飛び出してしまうのです。

こうした外部と中心部の温度上昇の違いを防ぐには、水からジャガイモをゆでるとよいのです。時間をかけて温度がじわじわと上がっていきますから、双方の温度差を少しでも小さくすることができます。

サツマイモをゆでるときも、同じような注意が必要です。ただ、「衣かつぎ」のようにサトイモを皮付きでゆでる場合は、「水から」にこだわる必要はありません。

一方、葉物はなぜ沸騰したお湯に入れてゆでるのでしょうか？

ホウレンソウなどの緑色は、クロロフィル（葉緑素）という色

栄養素や色素を保護する

素によるものです。小学校のときに習ったことがあるかと思います。光合成に使われる物質です。

このクロロフィルは、加熱とともに分子構造の中心にある金属のマグネシウムが外れてしまい、どんどん色が黒ずんでしまいます。ですから、さっと短時間でゆでて、流水につけて「色止め」をする必要があるのです。

おまじないのように覚えている料理のお作法にも理屈があるのですね。

ジャガイモの切断面が空気に触れて酸化し、
褐色の色素のメラニンが発生したからなの
これで変色を防げるわ
茶色くなってしまったにゃ〜
うーん…
切ってしばらく放置したジャガイモ
水につけたジャガイモ

ポテトサラダに二つの鉄則

基本のお料理ですが、「水っぽい」「何となく味が決まらない」と、意外と難易度が高いのがポテトサラダ。簡単そうに見えながらも、実は上手に作りにくいというのは厄介ですよね。今日はジャガイモを科学的に考えることで、ポテトサラダをおいしく作る方法をマスターしましょう。

まず大事なのが下味付け。塩やお酢などの下味をジャガイモにしっかり染み込ませるためには、熱いうちにしなければなりません。ゆでた野菜は組織が軟らかくなっていて、味を吸収しやすい状態になっているからです。そのためには、ゆでたばかりの状態でジャガイモをつぶしておくことも必須です。冷めるとでんぷんの粘りが出て、つぶしにくくなります。

もう一つのポイントは、マヨネーズを加えるタイミングです。下味と違って、マヨネーズの場合は冷めてから入れなければなりません。ジャガイモは、熱いうちは水分を吸収しやすいのですが、油分は吸収しにくい状態になっています。

熱いままのジャガイモにマヨネーズを加えると…。せっかく「乳化」という状態で、しっかり水分と油分が混ざり合っているマヨネーズが、熱のため分離してしまいます。温度が高いほど水分と油分が分離して、水分だけが染み込む割合が高くなります。

「熱いうち」
「冷めてから」

そればかりでなく極端な場合は、マヨネーズに含まれる卵黄が固まって、なめらかな舌触りがなくなってしまうこともあります。

下味はジャガイモが熱いうちにつけ、マヨネーズを入れるのは冷めてから。この順番は忘れがちですが、この二つの鉄則を守れば、ポテトサラダが得意料理になるはずです。科学的な裏付けを知ると、大事なポイントを忘れず、間違えにくくなりますよね。

乳化した液は『エマルション』と言って、
2つの種類があるの
水中油滴型
油中水滴型
油
水
・マヨネーズ
・生クリーム
・マーガリン
・バター
水と油の仲が良くなると、
なめらかな食感になるにゃ

カレーにとろみがつくのは？

日本の代表的な国民食であるカレーライス。市販のカレールウを使って作るカレーは、手軽でおいしいですね。

市販のカレールウは、カレー粉・小麦粉・油脂・うま味成分などを固形化したものです。肉やジャガイモ、ニンジンといった具を炒め、水を入れて煮たスープに、ルウを溶かし入れます。最初はさらさらした状態ですが、煮ていくうちにとろみがついてきます。どうしてでしょうか？

煮詰まって濃度が高くなるからか、と思う方が多いでしょうが、それは違います。とろみがつく原理は、カレーの相棒である「ライス」、つまりご飯を炊く過程と基本的には一緒で、小麦粉に含まれているでんぷんの働きによるものなのです。

冷たいときは水に溶けなかったでんぷんが、水分を含んで温めていくと粘りを増していき、水に溶けて、のりのような状態になります。これをでんぷんの「糊《こ》化」とよびます。

米に水を加え、炊いてご飯にするのも、でんぷんの糊化の一種です。カレールウを入れてとろみがつくのは、ルウの中の小麦粉に含まれるでんぷんの糊化のおかげなのです。

さて、カレールウを入れるとき、鍋にかけていた火を「いったん止めるように」とレシピに書いてあります。どうしてでしょう

でんぷんの「糊化」による

か？

小麦粉のでんぷんの場合、約60度で糊化の現象が始まり、80〜85度くらいで糊化します。煮立ったスープにカレールウを入れてしまうと、ルウの表面だけが糊化してしまい、だまになってルウが溶けなくなってしまうからです。

カレーとライスは、でんぷんの糊化という科学でつながっていたのですね。これを知ると、カレールウを入れてとろみがつく様子の観察も楽しくなります。

とろ〜り
カレールウやご飯以外にも、でんぷんの糊化を利用した調理はいろいろあるのよ
例 あんかけなどのとろみ
かたくり粉（ジャガイモでんぷん）
とろりとしているにゃ〜
ホワイトソース
小麦でんぷん
カスタードクリーム
コーンスターチ（トウモロコシでんぷん）

サンマに塩をふるのは？

秋といえばサンマ。おいしいだけでなく、お財布にもやさしい台所の味方です。サンマに限らず、焼き魚は基本的に焼く前に食塩をふりますが、どうしてでしょうか？　二つの理由があります。

一つは形崩れを防ぐためです。魚に食塩をふると、表面近くの水分で食塩が溶けて、濃い食塩水の状態になります。このとき、表面と内部の食塩水の濃度を均一にする方向に働きます。この仕組みを「浸透圧」といいます。

表面の濃い食塩水を薄めようとして、内部の水分が引き出されます。食塩をふった後は、表面が湿ってくるのがわかるでしょう。内部の水分が抜けるので身が引き締まります。ですから、焼いたときにも形が崩れず、きれいに焼けるのです。

塩の浸透圧の法則を使ったものとして、漬物やキュウリの塩もみなどがあります。これらも、塩をふることで、食品内部の水分を引き出しているのです。

塩を使うもう一つの理由は、魚のタンパク質が熱で固まるのを早めるためです。タンパク質は熱によって凝固しますが、食塩があると促進されます。ですから、魚に食塩をふると、焼いたときにすぐに表面が固まり、うま味などが外部に溶け出してしまうの

水分が抜け
形良く美味に

を防げるのです。

ちなみに、肉に食塩をふるのも同じ理由です。魚と同じように、水分を引き出して身を引き締め、表面の熱凝固を進めておいしく仕上げるためなのです。でも、食塩を早くから使うと、水分と一緒にうま味も抜け出してしまいます。ですから、肉は焼く直前、魚も約30分から１時間前が目安になります。

食塩を上手に使って、焼き魚をいっそう堪能してください。

焼き魚には食塩よりも
粗塩の方がいいの
粗塩
うまそうだにゃ～
魚
粗塩はマグネシウムなどのミネラルが
豊富で、食塩よりも形崩れを防いだり、
表面の熱凝固を進める働きが大きいのよ

里芋を下ゆでするのは？

春のお花見と並んで、南東北の秋の風物詩となっているのが「芋煮会」という行事です。主に９～10月に宮城県や山形県で盛んに行われています。河川敷に人が集まり、里芋の入った鍋料理を作って楽しむのです。宮城風は「豚肉・みそ味」、山形県は「牛肉・しょうゆ味」と流儀は違いますが、共通点は里芋が入っていること。だから「芋煮」なのです。

芋煮に限らず、里芋は下ごしらえがひと苦労です。今では、皮をむいて下ゆでした後の冷凍食品や、「洗い芋」パック商品が売られています。

里芋の下ごしらえの仕方をおさらいしてみましょう。その前に、なぜ里芋は下ゆでしなければいけないのでしょうか？

里芋には、おなじみの「ぬめり」があります。これは、ムチンやガラクタンとよばれる粘質多糖類が多く含まれているからです。下ゆでをせずにそのまま里芋を煮てしまうと、ぬめりのために煮汁も粘ってしまいます。すると、この煮汁のせいで、熱伝導が妨げられます。粘りがあると、液体の熱の対流がしにくくなるのです。

調味料も浸透が進まなくなります。ですから、いったん下ゆでして、水でぬめりを洗い流しておくことで、里芋をおいしく調理

ぬめりとれ
味が染みる

することができるのです。

　また、ムチンやガラクタンは、渋みやえぐみの成分でもあるので、それらを落とすことで、よりおいしくいただけるというわけです。ぬめりの成分は、水にぬれているほど分泌します。皮を包丁でむくときは、よく乾かしてからにしてください。

　手のかかる食材の下ごしらえは面倒なものです。でも、理屈を知れば、おっくうさも少しは回避できるかもしれません。

かゆいにゃ〜
水＋塩or酢

里芋に含まれるシュウ酸カルシウムの
針状の結晶が肌を刺激するからなの。
塩水や酢水を使うと分解され、
かゆくなくなるわ

お酒の後に締めのラーメン

お酒を飲んだ後に欲しくなる「締めのラーメン」。たくさん食べて飲んで、おなかがいっぱいのはずなのに、ラーメンが食べたくなるのはなぜでしょうか？　実はこの不思議な欲求は、科学で説明できるのです。

お酒を飲むと、体内にアルコールの一種であるエタノールが入ります。エタノールは利尿作用があるので、どんどん水分が排出されていきます。体内の水分が少なくなるので、体が水を要求するようになります。

エタノールは脳の神経細胞にも入り込み、脳の神経伝達を鈍くする働きがあります。脳は神経の機能を回復させようとしますが、そのときに伝達物質の一つであるナトリウムイオンを欲するのです。ナトリウムイオンが入っている物質といえば、塩化ナトリウム…つまり食塩です。だから、お酒を飲むと、しょっぱいものが食べたくなるのです。

さらに、動きの鈍くなった脳を働かせるためには、脳の唯一のエネルギー源であるグルコース（糖）が大量に必要になります。グルコースは炭水化物を作る成分です。また、エタノールを分解する際にもグルコースを利用します。ですから、余計に体が欲するのです。

機能回復へ体が欲求

さて、水分・塩分・グルコース（炭水化物）の三種類がそろった食べ物とは…そう、ラーメンです！　つまり、お酒の後にラーメンが食べたくなるのは、体の理にかなった欲求ということになります。ラーメン以外でも、お茶漬け・うどん・そばを「締め」にする場合もあるでしょう。これらも、水分・塩分・グルコースが含まれている食品ですね。

お酒の後のラーメンには理由がありましたが、肥満のもとであることには間違いありません。どうか、ほどほどに。

お酒を飲むと、アルコールの分解のために糖が大量に消費されるから、それを補おうと甘い物を体が欲するのよ

しわのない黒豆を煮る

お正月の定番のおせち料理。一昔前は家庭で作ることが多かったと思いますが、今ではおせち料理にこだわる家も減ったとのこと。市販されているものも、和風だけでなく、洋風、中華風とバラエティーに富んでいます。

とはいえ、昔ながらのおせち料理に欠かせないのが「黒豆」。ただ黒豆を甘く煮たものですが、実際は作るのに手間がかかり、かつ難しい料理です。皮がぴんと張った、つやつやとした黒豆ではなく、しわの多いものになりがち…。失敗を防ぐには、砂糖を何回かに分けて入れながら煮るといい、といわれますが、どうしてでしょうか？

黒豆は約６０％の濃い砂糖液で豆を煮ます。砂糖は水分と結びつきやすい力をもっています。これだけの量の砂糖を一度に加えると、豆の中に味が染み込むよりも先に、豆の中の水を出してしまいます。そのため、豆の中身は小さくなりますが、一方で皮の面積は変わりません。だから、できた黒豆の表面は、しわしわになってしまうのです。

砂糖を一度に加えずに、何回かに分けるということは、煮汁の砂糖の濃さを少しずつ上げていくことになります。こうして豆にゆっくり砂糖を浸透させていけば、急速な豆の脱水が起きないの

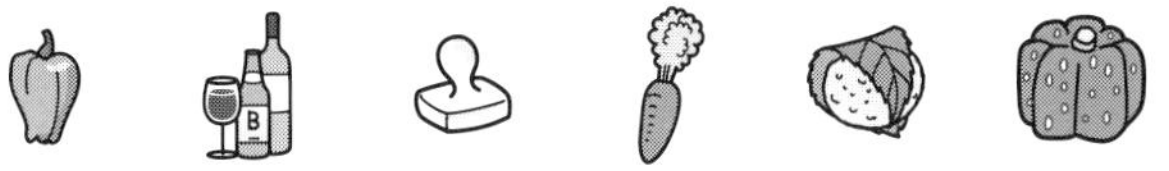

砂糖を
何回かに分けて

で、ふっくらとした黒豆が完成するのです。

しわのない黒豆を作るためのもう一つの方法は、煮る前のつけ汁の中に砂糖を加えておくというものです。これも「ゆっくり砂糖を豆の中に浸透させる」ということを目的としたものです。つけ汁の中においている間に、豆に砂糖がじわじわと染み込んでいき、高濃度の砂糖による脱水を防ぎます。

おせち料理の一品である伝統料理の作り方にも、科学の要素が秘められているのです。

わぁ〜
豆に釘を
入れるの？
古釘
釘
グッ
グッ
黒豆に入っているアントシアニン系の色素は、鉄イオンと結び付くと安定して、鮮やかな黒色に仕上がるのよ
おせちが
楽しみだにゃ〜

おもちを焼くと軟らかくなるのは？

おもちを焼くとなぜ軟らかくなるのでしょうか？　あたり前のようですが、これを科学してみましょう。

保存状態のおもちはあれだけ硬いのに、焼くだけで膨らんで軟らかい状態になります。考えてみれば不思議です。

この秘密は、でんぷんの構造によるものです。おもちをはじめ、米・小麦・ジャガイモ・トウモロコシなどは、でんぷんを多く含んでいます。でんぷんとは、ブドウ糖の一つひとつがずらりと並んだ高分子とよばれる物質です。

もち米も、うるち米も、小麦もすべて「生」の状態のときは、β《べーた》でんぷんとよばれる構造をしています。βでんぷんは、でんぷんの分子の鎖がぎっしりと集合した形をしています。硬く、消化しにくい構造です。これに水を加えて加熱すると、でんぷん分子の集合した状態が緩み、α《あるふぁ》でんぷんになります。軟らかく、消化されやすい形です。

おもちはもち米に水を加えて炊いて、ついたりこねたりしてこしらえるものです。できたてのおもちはαでんぷんの状態なので軟らかいですが、これを放置しておくと、βでんぷんに戻って硬くなってしまいます。この状態が、保存状態にあるときのおもちです。

加熱すると
αでんぷんに

でも、硬いおもちにも水分が含まれています。ですから、硬いおもちを加熱することで、再びαでんぷんの状態に戻すことができます。そうすると、軟らかくなりおいしくいただくことができるのです。硬いおもちにも水分が含まれていることは、焼いたときに湯気が出てくることからもおわかりでしょう。

おもちを焼くときは、ぜひαでんぷんとβでんぷんを意識してみてください。

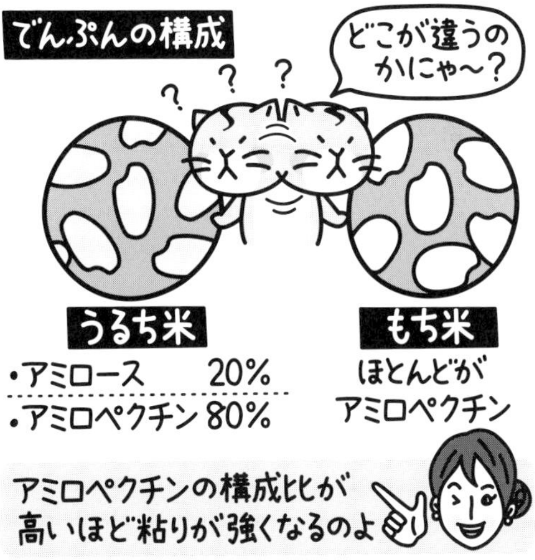
でんぷんの構成
どこが違うのかにゃ～？
うるち米
•アミロース 20%
•アミロペクチン 80%
もち米
ほとんどがアミロペクチン
アミロペクチンの構成比が高いほど粘りが強くなるのよ

本場のキムチは発酵食品

朝鮮半島で生まれ、今や世界中で人気の漬物であるキムチ。韓国料理や焼き肉などを食べにいくと、無料でさまざまな種類のキムチがついています。日本のお寿司屋さんでのガリのような扱いでしょうか？

日本では、浅漬けのように塩をまぶしてしばらくおいただけの、発酵していない食品も漬物のうちに入ります。でも、基本的に韓国では発酵を伴わないものはキムチとよばないと、現地の人に教えてもらいました。ちなみに、日本で生産、販売されているキムチは、浅漬けした白菜などにキムチ風の味つけをしたものが多いとのことです。

さて、キムチは発酵の過程を経ていると書きました。発酵食品は日本でも納豆、みそ、日本酒などでおなじみです。キムチの発酵は「乳酸発酵」とよばれるものです。野菜などにもともとついている微生物である乳酸菌が、材料に含まれる糖類と反応して乳酸が働いた結果、風味がよくなります。これが乳酸発酵です。

また、キムチの場合は調味料として入れる、魚介類の塩辛などの発酵もあるので、さらに濃厚なうま味が生まれます。乳酸発酵を経ると、おいしさが増すだけでなく、食品のｐＨが下がって酸性に傾くので、腐りにくくなります。ですから、キムチは朝鮮半

酸味増し
腐りにくい

島で冬場の野菜摂取のための保存食として生まれたのです。日本の各種漬物が生まれた背景と同じですね。

発酵させる「本格キムチ」は、乳酸菌が含まれているので、できあがった後も、時間とともにどんどん発酵が進んでいきます。発酵が進むと、より酸味が増すようになります。「生きた」食品ということですね。

ちなみに、パック入りの本格キムチは発酵して二酸化炭素の気体が発生します。破裂にはご注意を。

乳酸発酵を利用した食品は、ぬか漬け、
ヨーグルト、甘酒などいろいろあるのよ
ちょっと酸っぱいにゃ。これは本物のキムチだにゃ〜
焼き肉〜♡
キムチ
ジュ――

なるほど！
す
しんぶん

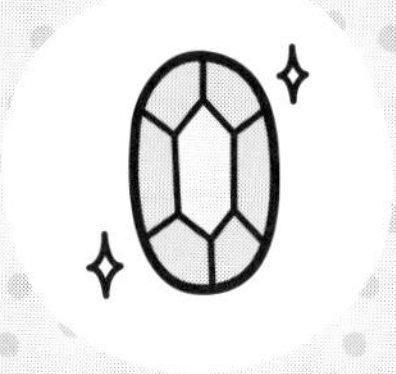

身のまわりには「なぜ？」という不思議にあふれています。でも、日々の忙しさにまぎれて、その「なぜ？」という気持ちはいつの間にか忘れてしまいます。「ガラスはなぜ割れやすい？」「色鉛筆が消しゴムで消しにくいのはなぜ？」という疑問は、投げかけることもなく、宙に浮いていることでしょう。

この「なるほど！」の科学では、誰もがもっているはずの知的好奇心をよび覚ますお手伝いをします。「なぜ？」は科学の種であり、これを探究することで科学は発展してきました。この科学の種は遠い存在ではなく、身近にひそんでいるのです。「なぜ？」を通して、「なるほど！」のうれしさが生まれます。「なるほど！」の扉を開いてみましょう。

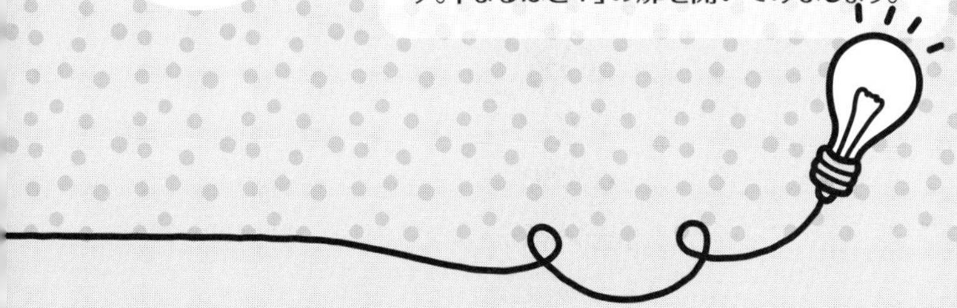

包丁を温めると
パンがきれいに切れる？

最近はホームベーカリーが人気。自宅で焼きたてのパンを楽しむ方も増えていることと思います。でも、せっかく焼いたパンを切るとき、形が崩れてしまうと残念ですよね。パンを切る前に包丁を温めておくと、きれいに切れるといいます。なぜでしょう？

パンには油脂が用いられています。油脂はパンの種類によっていろいろありますが、バターの場合、30度くらいから溶け始めます。温めた包丁で切ると、油脂の成分が溶けて、切る部分だけ軟らかくなります。すんなり包丁が通るようになり、きれいにパンを切ることができるのです。

この切る部分だけ軟らかくなる、というのがポイントです。焼きたてパンですと、全体が軟らかいので、温めた包丁による変化という実感はないかもしれません。工夫して切ろうとしても、つぶれてしまいます。しばらく時間をおいて、冷めてからパンを切るようにしましょう。

また、油脂の入っていないフランスパンなどの場合、温めた包丁で切ることの効果はありません。先に書いた理由から、油脂の多いパンにこそ使えるワザです。

同じようにケーキでも、温めた包丁できれいに切ることができ

熱が油脂を溶かすから

ます。大きいホールケーキを美しいまま切るのは難しいですよね。でも、油脂分の多いケーキだからこそ、温めた包丁がケーキ生地の油脂成分やクリームを溶かし、すっと包丁が通るのです。

包丁を温めるときですが、ガスの火などで直接あぶらないようにしてください。金属でできた包丁の刃は、熱くしすぎると変質してしまい、切れ味が悪くなってしまうからです。

おいしいものをきれいな形で食べるための一手間です。

包丁を温めるときは…
やけどには気をつけてにゃ～
②布巾で拭く
①熱湯を入れた容器の中にしばらくつける
包丁の熱がパンに含まれる油脂成分を溶かすから、きれいに切れるの♡

キュウリの白い粉は新鮮な証し

お料理の名脇役であるキュウリ。新鮮なキュウリは、みそをつけて、そのままかじるだけでもおいしいですね。

ところで、スーパーで選ぶときは、表面がぴかぴかのキュウリを選びますか？　それとも、白い粉がかかったものにしますか？　ぴかぴかのキュウリの人気が高いようですが、野菜選びに一家言《いっかげん》ある人は、白い粉がある方を選ぶかと思います。

白い粉をカビと見間違えると、とても新鮮な野菜には見えませんが、この粉はキュウリにとって大事な存在なのです。粉の正体は、「ブルーム」とよばれ、表面をコーティングしているろう物質。水分の蒸発を防ぐために、植物が自ら出すものです。汚れでも農薬でもカビでもありません。もちろん食べても大丈夫です。

ブルームは、雨や露をはじいてキュウリが病気になるのを防いだり、水分の蒸発を防いで新鮮さを保ったりする存在なのです。新鮮で、おいしい野菜の証しともいえるでしょう。ブドウやブルーベリー、プルーンなどの果実にも見られます。野菜や果実をおいしく保ってくれる力強い味方なのですね。

ブルームは農薬などと紛らわしい、との理由から、市場ではブルームのないキュウリが大半のようです。こうしたキュウリは、カボチャを台木として接ぎ木し、わざわざ作られるのですが、普

ろう物質が覆い保湿効果

通のキュウリと比べると皮が厚くなっています。

ちなみに、夏場など、いったん溶けたチョコレートが再び固まったとき、表面に出る白い粉もブルームとよばれます。こちらは、チョコレートに含まれるカカオバターの結晶です。ブルームが出てしまったチョコレートは、味が落ちてしまうので要注意です。

白い粉がついたキュウリはなかなか見かけなくなりましたが、見つけたらぜひお試しを。

肉を赤く発色させるミオグロビンの働き

市販のギョーザもおいしいですが、家族で「タネを作る」「包む」「焼く」と、役割分担しながら共同作業で作るギョーザの味はまた格別です。

手作りギョーザのとき、しっかり焼いても肉の赤みが残ったまま、と気になった方は、いらっしゃるでしょうか？　生焼けだから赤いのではありません。

ギョーザのタネによく使うキャベツ、白菜、ネギなどの野菜には、硝酸塩という成分が含まれています。この成分は、調理中に加熱されると亜硝酸塩に変化します。亜硝酸塩は、肉の赤みの色素のもとであるミオグロビンと結合すると、安定した薄赤色に変色する性質があるのです。

ギョーザを加熱しても、いつまでも残っている赤みは、肉に十分火が通っていないからではなく、キャベツなどの野菜に含まれている成分が原因なのです。

ちなみに、亜硝酸塩はハムやソーセージを安定した赤色にするために、発色剤として使われています。もちろん、安心して食べて大丈夫です。

逆に、買ってきたばかりの新鮮な肉のはずなのに、薄切り肉の重なっていた部分が赤黒い、ということもありませんか？　あれ

空気に触れると鮮やかになる

もミオグロビンが関係しています。

ミオグロビンはもともとは暗赤色ですが、空気に触れると酸素と結合して、鮮やかな赤色になる性質があります。肉同士が重なっていた部分は空気に触れていないため、肉本来の暗赤色のままというわけです。ですから、重なっていた部分も空気に触れさせると、鮮やかな赤色に変わります。もちろん、空気に触れても赤黒いままの場合は、腐っている可能性が高いので要注意！

変な色しているけど、
食べても平気かにゃ～…
肉同士が重なっていたせいね。大丈夫!!
肉の赤みのもとのミオグロビンは、空気に触れると鮮やかな赤に変わるのよ

反射か吸収か どちらでUVカットする？

梅雨から日差しがぎらぎら照りつける日が増えると同時に、道行く人のもつ傘も、雨傘から日傘に変わっていきます。最近は、日傘をもつ男性も増えてきたようですね。

日傘の効果は、主に直射日光からの暑さを防ぐことと、人体に害のある紫外線から身を守るための二つです。よく「ＵＶカット」などとよばれますが、ＵＶは紫外線のこと。目には見えない光の一種で、大きなエネルギーをもっています。紫外線が殺菌効果をもつのも、日焼けを起こすのも、紫外線のもつ大きなエネルギーのせいです。

夏が近づくと、化粧品やサングラスなどＵＶカットをうたった商品が出回りますが、日傘もその一つ。主に紫外線を拡散・反射する素材を用いるか、または吸収しやすい有機化合物などを繊維に溶かし込むかコーティングするかして、ＵＶカットしているのです。つまり、紫外線を反射させるか、吸収させるかどちらかの手段で、紫外線から身を守るようにしているのです。

ちなみに、少し前は白い日傘が人気だったようですが、最近は日傘といえば黒いイメージがあります。どうしてでしょうか？

熱は白の方が透過しやすいので、日傘の下で頭が受ける熱を測定すると、白よりも黒い傘の方が少ないそうです。つまり、黒い

どちらの日傘も
同じ効果

傘の方が熱を透過する割合が小さいので防暑効果に優れているとのこと。黒いと見た目には、涼しげではないですけどね。

では、紫外線防止効果はどうでしょうか？　どんな色でも、ＵＶカット処理が施されていれば、色に関係なくほとんどの紫外線を防止できます。

暑さを防ぐことが目的ではなく、紫外線防止を期待するのであれば、好きな色の日傘を選んで楽しむことができそうですね。

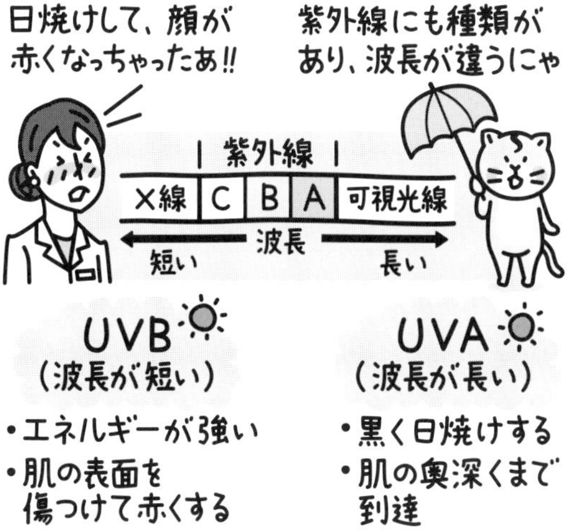
日焼けして、顔が
赤くなっちゃったあ!!
紫外線にも種類が
あり、波長が違うにゃ
紫外線
X線
C
B
A
可視光線
波長
短い
長い
UVB
(波長が短い)
・エネルギーが強い
・肌の表面を
傷つけて赤くする
UVA
(波長が長い)
・黒く日焼けする
・肌の奥深くまで
到達

新聞紙で窓ガラスを拭くとピカピカに

新聞は読んで役に立つのはむろんですが、読み終えた後の新聞紙も、家の中のいろいろな場面で活躍します。

たとえば、実践している方もいらっしゃるでしょうが、窓ガラスを拭くときに新聞紙を丸めて、軽く水でぬらしたものを使うと、窓ガラスがピカピカになります。私は小学生のころ、学校で教えてもらったのですが、新聞紙で拭くと、窓ガラスを通した視界が、みるみるはっきりして、驚いたことを覚えています。

なぜ新聞紙が、窓ガラス掃除に使えるのでしょうか？

理由はいくつかあります。油で汚れた台所の窓ガラスなどでは、新聞紙のインキに含まれる油分が油汚れを拭き取ります。これは「油と油は仲がよい」という性質を利用しています。

また、新聞紙は表面がコーティングされていないので、水を含みやすい素材になっています。さらに、新聞紙はぬれても丈夫に作られていて、この点も掃除に適しているのですね。

ほかの理由は何でしょう？　新聞紙は、古紙を配合した再生紙が用いられています。古紙の配合比率は製紙会社によって違いますが、ほかの紙に比べ、繊維が細かく柔らかいので、汚れを絡め取って落とすのにちょうどよいのです。

新聞紙での窓ガラスの掃除をさらに効果的にするものがありま

インキの油が汚れを取る

す。

それは炭酸水です。窓ガラスには水あかがつきますが、これは塩《えん》とよばれる化合物です。炭酸水は酸性を示すので、水あかを分解して落としてくれるのです。

糖分が入っていない炭酸水であれば、気が抜けたものでも大丈夫です。飲み残しの炭酸水も使えます。新聞紙と炭酸水の二重の効果で、家のガラス窓や鏡のくもりをきれいにしてあげてください。

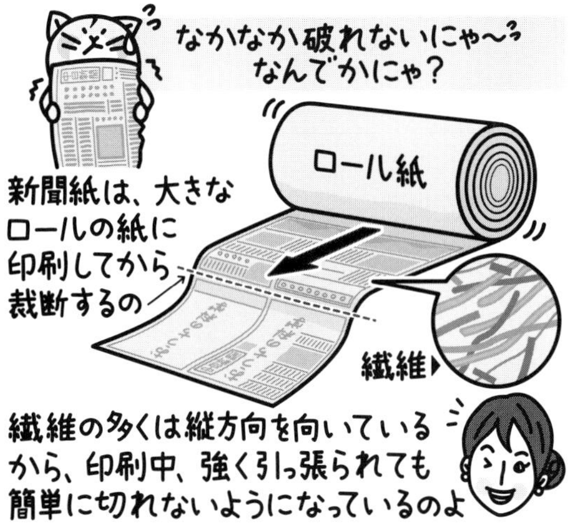
なかなか破れないにゃ〜
なんでかにゃ？
ロール紙
新聞紙は、大きなロールの紙に印刷してから裁断するの
繊維
繊維の多くは縦方向を向いているから、印刷中、強く引っ張られても簡単に切れないようになっているのよ

赤さび防止に黒さびが一役

鍋の素材として人気があるステンレス。理由はさびにくく、扱いやすいことでしょう。鉄のフライパンは、うっかりお手入れを怠ると、赤いさびができてしまいます。

そもそもステンレスの語源は「さびなし」という意味です。ステンレスは、鉄にクロムやニッケルを混ぜた合金鋼。さびにくいのは、クロムが酸素と結合することで、ステンレスの表面に薄い酸化皮膜ができ、直接、酸素に触れるのを防ぐからなのです。

ちなみに、正確には「酸化＝さび」ではありません。物質が酸素と結びつくことを酸化といいます。さびは酸化の形態の一つ。ここではわかりやすくするために、酸化とさびを同じ意味に使わせていただきますね。

軽くて扱いやすい素材であるアルミニウムも、本来いろいろなものと反応しやすい不安定な物質です。でも、普通に使っている限り、アルミニウムの鍋がさびにくいのは、これまた表面に薄い酸化皮膜を作っているからです。台所用品のアルミホイルもさびませんよね。これもアルミホイルの表面を酸化皮膜が覆っているからです。

アルミニウムをさらにさびにくくするために、人工的に酸化物の膜を作ったものを「アルマイト」といいます。この酸化したア

鍋の表面覆い
酸化を防ぐ

ルミニウムは、実はルビーやサファイアの成分でもあります。

つまり、ステンレスもアルミニウムも「丈夫なさびの膜」が表面を覆っていて、はがれにくいので、それ以上さびないということになります。

鉄の赤いさびは、はがれやすく不安定でどんどん進行し、全体を腐食させてしまいます。一方、鉄にも安定している強いさびがあります。黒さびとよばれます。黒さびの皮膜で覆ったフライパンはさびにくく、使い勝手がよいです。

おうちでも、鉄の鍋を
さびさせない方法があるのよ
①使い始める前に空焼きし、
黒いさびの膜を作る
②
油
油をひいて、
鍋になじませる
③油を捨てた後に、
くず野菜を炒め、
鍋肌に油の
膜を作る

使う布の違いじゃない木綿豆腐と絹ごし豆腐

暑いときは冷ややっこ、寒いときは湯豆腐と、季節を問わず活躍する豆腐。豆腐には、木綿《もめん》豆腐と絹ごし豆腐がありますよね。その名前となめらかな食感から、絹ごし豆腐の方が高級感があって、手がかかっているように思えるでしょう。実は逆なのです。

豆腐の作り方ですが、水に浸した生の大豆をすりつぶして煮沸し、粗い目の布で搾っておからを取り除いて、まず豆乳を作ります。これに凝固剤である「にがり」（塩化マグネシウム）を加え、固まらせたのが豆腐です。手順は、木綿も絹ごしも変わりありません。これは、豆乳のタンパク質を金属塩によって変性させた科学の産物ともいえます。

木綿でこしたら木綿豆腐で、絹でこしたら絹ごし豆腐ができるような印象ですが、この二つの食感の違いは、木綿と絹の違いからではありません。

木綿豆腐は、豆乳を固めたものを崩して木綿でこし、「ゆ」とよばれる不純物の液を取り除いたものです。それに対して、絹ごし豆腐は、少し濃いめの豆乳をそのままゆっくりと凝固させて、「ゆ」も一緒に豆腐に入れた状態のものです。

ですから、木綿豆腐は確かに布を使っているのですが、絹ごし

凝固のさせ方が異なる

豆腐は布を使わず、こすという作業も省略している豆腐だというわけです。手順の多さで考えれば、木綿豆腐の方が高級品といえるかも？　つまり、木綿や絹ごしという名前は、見た目や食感を例えただけなのです。

　木綿豆腐は凝縮されているので、タンパク質や脂質、カルシウムなどが豊富なのに対し、水分ごと固める絹ごし豆腐は、水溶性のカリウムやビタミンＢ１などが多く含まれています。お好みで使い分けてください。

木綿豆腐と絹ごし豆腐、どうやって使い分けるのかにゃ〜？
とうふ
プ〜♪
木綿
絹ごし
お好みだけど、基本的には、崩れても問題ない料理には木綿を、食感を楽しむのなら絹ごしかな

冬が近づいてくると どうして葉が落ちる？

初夏の鮮やかな緑の樹木もいいですが、落ち葉も風情があってすてきですよね。でも、どうして冬が近づくと、樹木は葉を落とすのでしょうか？

葉を落とす木は「落葉樹」。一方で、一年中葉を茂らせているのが「常緑樹」。双方の違いは、小学校のころに習った「光合成」という科学の現象が関係しています。

太陽の光を浴びた木や草や花は、空気中の二酸化炭素と土の中の水分を使って炭水化物をつくり、これが栄養分になります。蓄えた炭水化物の分だけ、木は新しい葉をつくったり、幹を太くしたりして成長できます。

でも、冬になると寒くなり、土が凍るなどして、根から水分を吸い上げにくくなります。水分がなければ光合成はできません。温暖でない気候では太陽の光も不足するので、光合成が難しくなります。このとき、落葉樹は潔くあきらめ、葉を落としてしまう作戦を取るのです。葉を落としてしまえば、不足した栄養分を無駄に使うこともなくなります。落ち葉は、木が冬を乗り越えるためのお休み期間なのです。

一方、スギやマツなどの常緑樹は、落葉樹よりも葉を厚く堅くしたり、形も小さくしたりして、水分不足や寒さに耐えられるよ

栄養分を無駄にしない

うになっています。落葉樹は、春先にまた葉を作るので負担が大きいですが、常緑樹は葉が残っているので、春にはすぐ光合成ができます。

落葉樹は、暖かい時季に面積の大きい葉でしっかり光合成をして栄養を蓄えます。片や、常緑樹は、夏の光合成も落葉樹に比べると少なくなります。その代わり、冬の間も栄養を温存させているのです。落ち葉を楽しみながら、木の生き残り作戦に思いをはせてみては。

落葉樹は、気温が高い時期は大きな葉でしっかり光合成をして栄養を蓄え、低くなってくると葉を落とし、栄養分を使わないようにしているのよ
冬を乗り切るための作戦なんだにゃ～

納豆のねばねば正体はいったい何？

納豆は好き嫌いの分かれる食べ物の一つです。地域によって好みに差があるようです。私自身は好きですが、みなさんはいかがでしょうか？　好き嫌いが分かれる原因はあの独特の匂いと、糸を引く粘る食感にありそうです。そもそも、粘りの正体は一体何でしょう？

納豆の粘りのもとは、糖とタンパク質が長く連なって合体してできた物質です。このねばねば物質、つまり糖がたくさん含まれた糖タンパク物質を総称して「ムチン」とよびます。納豆やオクラのほかにヤマイモ、コンブ、ナメコなどにも含まれます。それぞれ糖やタンパク質の種類は異なりますが、粘りがある点では共通しています。

納豆の場合は、ムチンのほかに「ポリグルタミン酸」という物質も、ねばねばの役割を担っています。グルタミン酸はご存じ、うま味成分の一つです。この成分が連なってできたのがポリグルタミン酸です。ばねのように折り畳まれてつながっていて、この折り畳み構造が粘りの原因といわれています。

ねばねば物質のムチンは、酸に弱い性質があります。このため、酸性である酢やレモン汁を入れると、粘りが弱くなります。

逆に、砂糖を入れると粘りは強くなります。ムチンに含まれる

糖とタンパク質が合体し粘る

糖の割合が増えるからです。加えられた糖が、タンパク質と糖をよりくっつけるのですね。納豆やオクラを使って、台所で科学実験ができそうです。

　レンコンを切った後、下処理するときに酢水につけることがあります。これは、レンコンに含まれるタンニンが空気に触れて変色するのを防止する効果がありますが、酢でレンコンのムチンの粘りを弱くして、レンコンのしゃきしゃきした食感を楽しむためでもあるのです。

ねばねば物質のムチンは、納豆などの食品以外にも含まれているの。ヒトや動物の粘膜の表面も、ムチンに覆われているのよ
鼻
目
口
気管
胃
腸
ねばねばが、体を病気から守ってくれているんだにゃ〜♪
ねばー

ガラスや陶磁器はなぜ割れやすい？

お気に入りの食器を落としたりして割ってしまったときは悲しく、少し悔しい気分になるものです。でも、同じ硬いものなのに、どうして金属のスプーンや鍋は割れず、ガラスのコップや陶磁器のお皿は割れてしまうのでしょうか？

陶磁器は粘土をこね、成形して焼いて作ります。ガラスは二酸化ケイ素を石灰などと混ぜ、高温で溶かし、冷まして固めて作ります。このような素材を総称して「セラミックス」とよびます。

金属だけでなくセラミックスも、そのほかこの世にあるものはすべて、原子や分子がつながってできています。割れやすさは、これらのつながり方で決まるのです。

金属の原子は、どの方向にもほぼ同じように並んでいます。外から力が加わったとき、原子はその方向にずれますが、ずれて出合った隣の原子ともすぐ結合できます。ですから、強い力を加えても変形はしますが、簡単には割れません。

一方、セラミックスの原子の結合の強さは、方向ごとにばらつきがあります。力が加わって原子がずれたとき、「ふさわしい」結合の相手に出合う機会は少なくなります。一定以上の力をかけると、原子が結合の相手を見つけることができず、割れてしまうのです。

原子の結合にばらつき

　また、セラミックスは製造過程で冷まして固めるときに、表面に小さな傷がたくさんできます。これも割れやすい原因と考えられています。表面に小さい傷やひびが入っていると、わずかな力でも割れてしまうことがあるのは、みなさんも実感していらっしゃるでしょう。目に見えなくても、セラミックスにかかった力が傷の部分に集中し、傷口を広げてしまうのです。割れやすさには、原子の並び方という10億分の１メートルほどの小さな小さな世界が関わっているのですね。

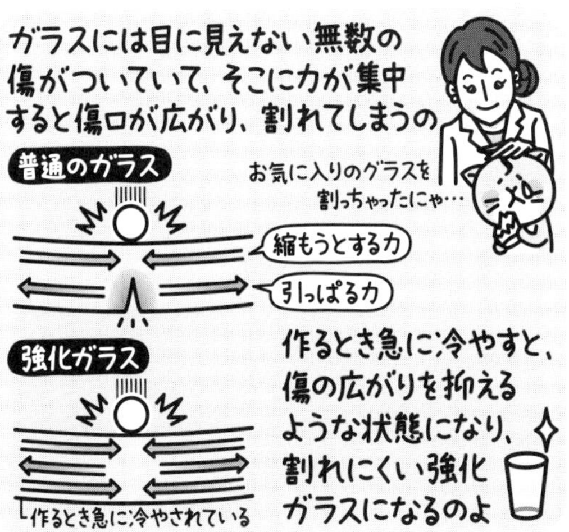
ガラスには目に見えない無数の傷がついていて、そこに力が集中すると傷口が広がり、割れてしまうの
普通のガラス
お気に入りのグラスを割っちゃったにゃ…
縮もうとする力
引っぱる力
強化ガラス
作るとき急に冷やすと、傷の広がりを抑えるような状態になり、割れにくい強化ガラスになるのよ
作るとき急に冷やされている

室内外に気温差
どうして「結露」はできる？

暖房を入れるようになると、気になるのは「結露」。窓がくもって水滴が窓につく現象です。私も子どものころは、くもった窓ガラスに文字や絵をかいたりして楽しんでいました。でも、大人になって家を管理するようになると、結露はカビのもとになるので、気が重くなりますよね。

そもそも、なぜ冬は窓がくもるのか考えてみましょう。家の中で暖房をつけると、外は寒いけど、家の中は暖かい、というように温度差ができます。でも、暖房で家の中を暖めても、窓ガラスは外気に触れているので冷たいままです。そのため、部屋の中の空気中の水蒸気が冷やされ、水の粒になって窓ガラスの内側につくのです。

これは、小学校のころに習った「水の三態変化」の復習になります。水は温度によって、水蒸気（気体）・水（液体）・氷（固体）と七変化ならぬ「三変化」をします。空気中の水蒸気は気体ですが、冷たい窓ガラスに触れると温度が下がり、液体に変化するというわけです。

夏に室内の冷房が効きすぎているときも、窓ガラスはくもります。これは冬場の暖房とは逆で、窓ガラスの部屋の内側ではなく、外側に水蒸気がついてくもるのです。

ガラスで冷え 気体変化

水の三態変化を感じることができる場面は、ほかにもあります。寒くなると、吐く息が白くなりますよね。厳しい冷え込みを実感する場面です。これも吐く息の中に含まれる水蒸気（気体）が、冷たい空気にさらされて水の粒（液体）になるからなのです。これが白い息の正体です。

くもった窓ガラスに、白い息。氷や沸騰するお湯もそうですが、それ以外にも身近なところで水の三態変化を感じることができます。

結露はどうしたら防げるの？

時々窓を開けて
自然換気
ON
朝、窓の結露
を拭き取った後、しばらく
除湿器をかける
ON
キッチンやお風呂場の
換気扇を回し続けて
おくのも効果的!!

混ぜると危険な洗剤 有毒の塩素ガス発生

家の中は科学にあふれています。台所をはじめ家庭のあらゆる所は「実験室」です。でも、絶対に試してはいけない科学実験があります。「混ぜるな危険」と書かれている洗剤のことです。ご存じの方も多いでしょうが、その理屈とともに、おさらいしてみましょう。

混ぜると危険な洗剤は、「塩素系」の洗剤と、「酸性タイプ」の洗剤です。塩素系の洗剤は「次亜塩素酸ナトリウム」という成分が入っています。この成分が入っているものとして、漂白剤、パイプ用洗剤、カビ取り用洗剤などがあります。一方、酸性タイプには、トイレ用洗浄剤、クエン酸、酢などがあります。

これら塩素系の洗剤と酸性タイプの洗剤が混ざると、中和反応が起きます。このとき、塩素ガスが発生してしまうのです。塩素ガスは人体に非常に有毒で、最悪の場合、死に至ることもあります。洗剤は絶対に混ぜて使うことがないよう、また使い終わった容器にほかのものを入れることがないよう、くれぐれも気をつけてください。

危ないのは合成洗剤だから、というのは、勘違いです。数年前から流行している「ナチュラルクリーニング」に使われる酢やクエン酸、重曹などの物質も、れっきとした化学物質です。「ナチ

生ごみや酢も
反応の恐れ

ュラル系」だからと安心してはいけません。

酸性の酢を使って掃除をした後に、塩素系の洗剤を使うというのも危険です。また、台所の生ごみは、酸性である場合がほとんどです。生ごみを放置したまま、塩素系の洗剤を使うことも「混ぜるな危険」と同じことになってしまいます。

塩素ガスが発生するメカニズムを知り、塩素系と酸性タイプを一緒にしないルールを守りさえすれば大丈夫。基本を守って、掃除を楽しみましょう。

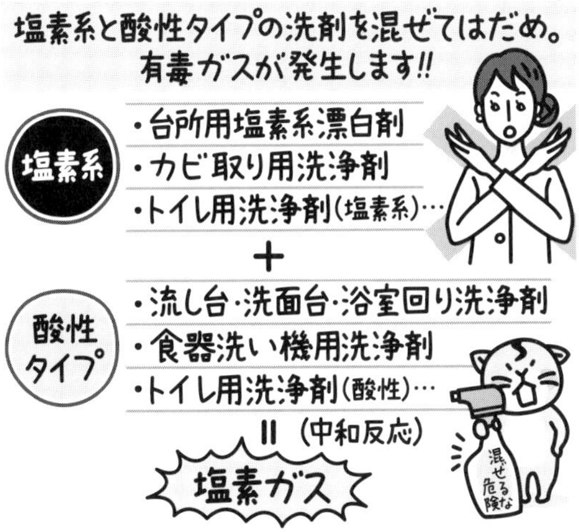
塩素系と酸性タイプの洗剤を混ぜてはだめ。
有毒ガスが発生します!!
塩素系
・台所用塩素系漂白剤
・カビ取り用洗浄剤
・トイレ用洗浄剤(塩素系)…
+
酸性タイプ
・流し台・洗面台・浴室回り洗浄剤
・食器洗い機用洗浄剤
・トイレ用洗浄剤(酸性)…
=（中和反応）
塩素ガス
混ぜるな危険

リンゴの皮についたベタベタの正体は？

アダムとイブが食べたという禁断の果実。「最も美しい女神に与えられる」といわれ、ギリシャ神話の三女神が争うもととなった黄金の果実。このように古くからの逸話に登場し、世界中で愛されている果物、リンゴを科学してみましょう。

買ったリンゴの皮がベタベタしていることがあります。ワックスかと思い、洗剤で洗ってしまっている方もいるでしょう。でも、ベタベタの正体はワックスではありません。リンゴが自ら分泌する「ろう物質」なのです。熟したリンゴは、水分の発散を抑え、雨露をはじき腐敗菌がつかないように、「果粉」というろう物質を作り出します。このろう物質によって新鮮さを保っているのです。

さらにリンゴは、熟すにつれて植物性の脂肪酸であるリノール酸とオレイン酸が増加します。それらが果皮のろう物質を溶かしてベタベタにします。とくに「ジョナゴールド」「つがる」「紅玉」などの品種によく見られます。

このように果皮がベタベタする現象は、通称「油上《あぶらあ》がり」とよばれます。油上がりは、リンゴが食べごろだという熟成のサインでもあります。ろう物質もリノール酸もオレイン酸も人体に無害な物質です。安心して皮ごとお召し上がりください。ただ、外国

熟成のサイン「油上がり」

産のリンゴは、本当にワックスが塗られている場合がありますので、ご注意を。

ほかにも食べごろの見分け方があります。リンゴのお尻で色がついていない部分を「地色」とよびます。この地色が黄色っぽくなっていれば完熟状態です。緑っぽい場合はまだ食べごろではない、という印。これは青いリンゴにも当てはまります。ビタミンCが豊富で、「リンゴが赤くなると医者が青くなる」といわれるリンゴ。風邪の対策にも必須ですね。

ニュートンの英国の生家には、「ケントの花」という品種のリンゴの木があったそうよ
ケントの花
万有引力！
ニュートン
へ〜…
ムシャ
ムシャ
でも、リンゴが落ちるのを見て「万有引力の法則」を発見したというのは、どうやら作り話のようだわ

薫製《くんせい》にすると腐りにくくなるのは？

肉や魚は、すぐに腐ってしまいます。でも、ベーコンやスモークサーモンなどの薫製品は長期保存できます。薫製にするだけで腐りにくくなるのは、なぜでしょう？

「腐る」とは、カビや細菌などの微生物が肉や魚などの食べ物を分解し、人体に対する毒物を作ってしまうことです。つまり、腐敗防止のためには、微生物が繁殖しないようにすればよいことになります。

薫製とは、木などを燃やしたときに出る煙で肉や魚を「いぶす」ことです。このとき、まず肉や魚が乾燥します。水分が少なくなると、微生物にとって生きにくい環境になるので、腐りにくくなります。

また、木を燃やすと、セルロースやリグニンといった木の主要成分が熱分解し、いろいろな小さい分子が生まれて酸素と反応します。分子の中には、燃焼の際に反応しきれないものもあります。これが薫製の大事なポイントになります。

反応しきれなかった小さな分子には、防腐剤や接着剤に用いられるホルムアルデヒドなども含まれます。これらは、微生物のタンパク質を変性させ、殺してしまいます。つまり、肉や魚を殺菌してくれるわけです。肉や魚の薫製品の表面も、同様にホルムア

熱分解の過程で殺菌分子

ルデヒドなどによってタンパク質が変性されています。これは人間の害になる量ではありませんので、どうか安心してください。

さらにベーコン、サラミ、かつお節…、これらも薫製品ですが、表面のホルムアルデヒドのおかげで、薫製中だけでなく保存中も、外部から近づいてくる微生物を殺してくれます。

だから、薫製品は長期保存が可能なのですね。薫製を思いついた昔の人の知恵に脱帽です。

薫製の方法は、大きく分けて三つ

	薫製器内の温度	薫煙の時間	適する薫製
冷薫法	15〜30度	数日〜3週間	生ハム スモークサーモン
温薫法	30〜80度	2〜5時間	ベーコン ロースハム
熱薫法	80〜120度	20分〜4時間	釣ったばかりの魚 牛肉の塊

不純物が宝石をつくる

強い生命力を思わせる深紅のルビーと、神秘的な深みをたたえた濃青色のサファイア。対照的な雰囲気をもつ二つの宝石ですが、これらが同じ正体と聞いたら、びっくりしますよね。

実はルビーもサファイアも、主成分はまったく同じものなのです。どちらも、酸化アルミニウムとよばれる物質からできているのです。

双方にとって大切なのは「不純物」です。不純物が含まれていない酸化アルミニウムは、ただの白色をしています。ルビーもサファイアも、不純物のおかげで、あの深い発色が得られるのです。その不純物とは何でしょう?

ルビーの不純物は、酸化クロムとよばれる物質です。一方、サファイアの不純物は酸化鉄と酸化チタンです。単なる不純物の違いで、同じ物質由来でも対照的な雰囲気が生まれるのです。

さて、主成分である酸化アルミニウム。酸化をここで「さびる」と表現するならば、ルビーもサファイアも、主にアルミニウムがさびたものからできている、ということができます。

ちなみに酸化とは、物質が酸素と結びつくことを指します。食品が腐ること、鉄のフライパンを焼いて皮膜を作ることも酸化と

「さび」が生む
深い発色

いう現象です。ルビーやサファイアは、すでにさびて酸化し、安定した物質になっているので、これ以上変質することなく、美しい輝きを放ち続けるのです。

ご承知のように、ダイヤモンドの正体は炭素です。原子の結合が違うだけで、元は炭と一緒です。「宝石の女王」とよばれる真珠も、成分は卵の殻と同じものです。

ただ、正体が分かっても、美しいものは美しいし、きらめきが損なわれるわけではありませんよね。

意外な"親戚"でしょ
炭
と
ダイヤモンド
卵の殻
と
真珠
違いすぎるにゃ〜
アルミ鍋
と
ルビー、サファイア

とろろのかゆみ
酢で撃退

麦ご飯にぴったりの「とろろ」。ヤマイモをすりおろして作ります。でも、肌がかゆくなって食べられない、という方もいらっしゃるかもしれません。どうして、かゆくなるのでしょうか。

ヤマイモには、シュウ酸カルシウムという成分が含まれています。長さ0.1ミリメートルくらいの、先がとがった針のような形の結晶です。この結晶は肌をちくちくと刺激する性質があるので、食べるとかゆくなってしまうのです。口のまわりはとくに皮膚が薄いので、痛みやかゆみを感じやすくなります。

ヤマイモには、でんぷんを多く含む普通の細胞と、でんぷんはほとんど含まず、代わりにこの針状の結晶を含む別の細胞があります。針は鉛筆の束のような集まりになっていて、細胞の中にぎゅっとたくさん詰まっています。

皮をむいたり、すりおろしたりすると、結晶を含む細胞が破れて針の束が外に出て、バラバラになります。針状の結晶は好き勝手な方向を向いて動くため、余計にあちこち刺さりやすくなり、かゆみや痛みを感じやすくなるのです。

このかゆみ、どうにかできないものでしょうか？　針状の結晶は酸に溶ける性質があります。調理前に酢水に漬けておくと結晶

針状の結晶が溶ける

が酢に溶けるので、かゆみが軽減されます。また、シュウ酸カルシウムは皮付近に多く集まっているので、皮を厚めにむいて調理するのもよいでしょう。

食べた後にどうしてもかゆかったり痛かったりした場合も、酸の力を借りましょう。皮膚のかゆい部分を酢水やレモン水で洗い流せば、針状の結晶は溶けます。個人差はありますが、とろろが苦手な方も、酸の力でかゆみや痛みを撃退できるかもしれません。

ロがイガイガするにゃ〜
キウイにもシュウ酸カルシウムが含まれているの
種
シュウ酸カルシウムの針状結晶束
シュウ酸カルシウムの針状結晶束は、種の周囲に多く、外側にいくほど少ないのよ

梅干しが赤くなるのは？

白いご飯の真ん中に、梅干しを一つ載せた「日の丸弁当」。赤い梅干しがポイントですが、梅干しは最初から赤いというわけではありません。作る途中で色付けしているのです。では、なぜ梅干しは赤いのでしょうか？

熟していない青い実から作る梅酒と異なり、梅干しは黄色く完熟した梅の実から作ります。この梅の実を塩でまぶして重しをして置いておくと、「白梅酢」というものが抽出されます。クエン酸たっぷりの酸性の液体です。

白梅酢に塩でもんだシソを入れると、赤く色付いた「赤梅酢」になります。なぜシソを入れると、赤くなるのでしょうか。

シソには、アントシアニン系の「シソニン」とよばれる色素が含まれています。アントシアニン系の色素は、中性だと紫色ですが、酸性になると赤色、アルカリ性になると青色に変化します。水溶液のｐＨを調べるのに、リトマス試験紙を使いますが、あれと同じ原理です。

つまり、酸性の液体である白梅酢に、アントシアニン系の色素が入ったシソを入れると、色の付いていない白梅酢が、赤い赤梅酢に変化するのです。とくに合成の着色料を入れているわけではありません。この赤梅酢を使って梅を漬け込むので、梅干しは赤

シソ色素が梅酢変色

くなるのです。梅干しを作る工程は、まさに科学実験そのものですね。

最近は、自宅で梅干しを作るご家庭は少なくなりました。今では、スーパーやコンビニでも気軽に手に入れることができます。私も作ったことがありません。

でも、こうして色が変わる化学反応が関わっていると知ると、梅干し作りに挑戦してみたい気になりませんか？　私もいつか試してみます。

いい色に染まっているにゃ～♡
おいしそうにできたわね～
梅干し

梅干しをシソで赤く染めるようになったのは、江戸時代からといわれているの。古漬けの梅干しは、長寿の薬として尊ばれたそうよ

鏡よ鏡、どうして物を映すの？

毎日、少なくとも一度はお世話になっているであろう鏡。「子は親を映す鏡」というように、ことわざにも登場し、私たちの生活とは切っても切れない存在です。普通のガラスと違って、鏡はどうして物を映すのでしょうか？

疑問を解くキーワードは「光の反射」です。光にはいろいろな色が含まれていますが、私たちは物から「跳ね返ってくる光の色」を見ています。

たとえば、赤いリンゴは赤く見えますが、それはリンゴが赤以外の光を吸収し、赤い光は反射させて私たちの目に映しているからです。それに対して鏡は、届いた光の色をすべて反射させて返します。鏡は、当たった光をそのまままっすぐに返すので、向かい合っているように反対に映るのです。

では、鏡はどのように光を反射させているのでしょうか？　鏡は、透明なガラスやプラスチックの片面に、銀などの金属を薄くコーティングして作られています。表面が平らでつるつるしているので、光がきれいに反射されるのです。

ちなみに、銀は金属の中でもっとも反射率が高く、見える光をすべて反射するので、鏡を作るのに適した金属なのです。反射率の低い金属を使うと、映ったものが暗くなってしまいます。

反射率の高い
銀のおかげ

ただ、銀はさびやすい金属です。ガラスに膜を作った銀も同じで、そのままにしておくと光沢がなくなってくすんでしまい、鏡として使えなくなってしまいます。ですから、鏡は透明なガラスに銀を塗った後に、銅の薄い膜を塗って保護し、さらに特殊な塗料でコーティングして、銀がさびるのを防止しているのです。

私たちが鏡を使うことができるのは、光を反射する働きのある銀の輝きのおかげだったんですね。

夜の部屋
窓ガラス
うっとり～
昼の部屋
映ってない
にゃ～…
昼間は反射する光よりも外から
入ってくる光の方が強いからよ

圧力鍋で短時間調理

使ってみたいけど、何だかこわい…と思っていた圧力鍋ですが、とうとうわが家にも導入されました。楽しみつつ、こわごわ使っている段階ですが、煮物などがあっという間にできることに驚いています。そもそも、なぜ圧力鍋は短時間で調理が可能なのでしょうか？

まず、液体の水の温度は、どこまで上げることができるのか考えてみましょう。それは「液体が沸騰を始めるまで」の温度になります。水を火にかけるなどして熱のエネルギーを与え続けると、水分子の運動のパワーを上げます。これが水の温度の上昇です。

そして、ある温度に達すると、今度は熱エネルギーは水分子の結合を切ることに力を注ぎます。その間、水の温度が上がることはありません。だから、水の温度は「沸騰し始めるまでは上がるけれども、それ以降はストップする」ということになります。沸騰し始める温度は、まわりの気体の圧力によって変わります。圧力が高ければ、まわりから強い力で押されているので、それなりの温度が必要になるからです。

圧力鍋は通常、二気圧ほどの圧力をかけます。普通の鍋は一気圧ですから、その倍です。圧力が高くなると、液体状態の水の温度を100度よりも高くすることができます。鍋の中の空気の圧

沸騰温度が20度上昇

力が二気圧になると、沸騰する温度は120度になるのです。これは普通の鍋よりも20度も高い！　だから、調理が短時間で済むのです。

温度が高くなると調理が短時間で済むのは、揚げ物を考えればわかりますよね。揚げ物は160〜180度で加熱するので、ほかの調理法などに比べると短時間で仕上げることができるのです。

圧力鍋で料理をより効率よく楽しみたいものです。

富士山の山頂の気圧は約0.65気圧と低いから、約90度で沸騰してしまうの。だから、ラーメンをおいしく作れないのよ
生煮えだにゃ〜
圧力鍋を背負って登るのは辛いしにゃ…

イカの皮むき酢でなぜ簡単に？

スーパーや魚店でおいしそうなイカが並んでいると、買おうかな…？　でも皮をむくのは面倒だし…と悩んでしまって、ついつい買うのを控えてしまうほど、イカの皮むきは大変です。むいてもむいても、薄い皮が残ってしまいます。この面倒なイカの皮むきを簡単にする、科学による裏ワザを紹介しましょう。

むいても薄い皮が残る理由は、イカの皮が四層になっているからです。一層目と二層目は簡単にむけます。でも、三層目と四層目の間は、コラーゲンというタンパク質でしっかり接着されているのです。コラーゲンは人間の皮膚にも含まれているタンパク質なので、聞き覚えがあるかと思います。

そこで、このコラーゲンによる接着をはがす必要があります。それに使えるのは、キッチンに常備されている、ある調味料…お酢です。酸性の酢には、タンパク質を変性させる働きがあるのです。

バットなどに酢を入れ、そこにイカを３分ほど漬けておきます。すると、コラーゲンのタンパク質の三次元構造の形が酸によって変わってしまうため、性質も変わります。これをタンパク質の変性とよびます。変性すると、コラーゲンの接着力がなくなるので

接着剤役の成分変性

す。

下処理をした後で、イカのエンペラ（三角形の部分）をもち、ぐっと引っ張って皮をむくと、あっという間に皮と身がはがれてくれるのです。酢を使うだけでおもしろいようにきれいに皮をむくことができますので、ぜひお試しください。ただし、3分以上漬けておくと、今度は酢の味がイカにしみついてしまいますので、ご注意を。

イカを敬遠していた方も、ぜひどうぞ！

うまくむけないにゃ〜
トマトの皮と中身はペクチンという多糖類で接着されていて、これを熱で溶かすとはがれやすくなるのよ
熱湯につけたり（湯むき）
火にあぶったり

塩麹で なぜ食材にうま味？

一躍して人気の調味料となった塩麹《こうじ》。メディアでも塩麹の特集が組まれ、さまざまなレシピが登場しています。なぜ、塩麹は食材をおいしくしてくれるのでしょうか？

秘密はまず、麹菌という微生物にあります。麹菌は、みそやしょうゆを造るときにも使われる、日本人とは切っても切れない存在のカビの一種。麹菌を米で繁殖させたものを米麹とよびます。

この麹菌がでんぷんをブドウ糖に分解します。でんぷんはブドウ糖がつながってできたものですが、ブドウ糖に分解されると甘味が出ます。同時にタンパク質をアミノ酸に分解します。アミノ酸はうま味のもとです。麹菌が米で繁殖すると、甘味とうま味の両方が生み出されるのです。

この米麹に塩を混ぜて熟成させ、とろみを出したのが塩麹です。米麹の甘味・うま味に塩味と、味が三役そろい踏み。調味料以前に、塩麹そのものがおいしい存在なのです。

塩麹そのものもおいしいですが、塩麹を使った料理もおいしくなります。なぜでしょうか？

それは、塩麹に含まれる酵素が鍵になります。麹菌と塩を混ぜた時点で、麹菌は塩によって働きを失います。ですから、麹菌の効果は期待できません。でも、塩麹は麹菌によって作られた複数

菌や酵素が分解し生む

の酵素が残っています。

この酵素が、食材のでんぷんやタンパク質を分解して甘味やうま味を生むので、おいしくなるのです。とくに、硬い肉を塩麹につけると、タンパク質が分解されて軟らかくなり、うま味も出ます。おすすめの使い方です。

みそやしょうゆに使われる、昔ながらの麹菌と関係しているのが塩麹です。台所の新顔には、由緒正しい歴史があったのですね。

塩麹には、でんぷんを分解するアミラーゼという酵素が含まれているの。だから、でんぷんの多い食品は、塩麹を使うとぼろぼろになってしまうのよ

生ビールの「生」って何？

飲み会での一杯目といえば生ビール。「生、お願いします！」と店員さんに注文するだけで、テーブルに出てきますが、生ビールの「生」って、そもそもどういう意味でしょうか？

ビールとは、大麦を発酵させた飲み物です。まず、大麦の麦芽を湯に浸します。すると大麦の酵素が活性化され、でんぷんは糖に、タンパク質はアミノ酸に分解されて、麦汁とよばれる褐色の甘い液になります。これにホップを加えて煮込む過程で、ビールに風味がつきます。麦汁中の微生物は死滅し、酵素が不活性化します。

そして、いよいよアルコール発酵です。冷ました麦汁に酵母を加え、一定量まで糖が使われてアルコールが作られるのを待ちます。最後に熟成です。先ほどまでの工程でできた若いビールを一定期間貯蔵し、その間に酵母やそのほかの濁りを取り除き、二酸化炭素を含ませるのです。これでビールのできあがりです。

糖がなくなると、ビールのアルコール発酵は止まり、酵母は死滅します。でも、死んでしまった酵母やそのほかの濁りは、「おり」としてビールに残ってしまいます。ですから、冷蔵技術が発達していなかったり、死んだ酵母を取り除く技術がなかった時代

加熱せず
ろ過で除菌

は、ビールができた瞬間に加熱して殺菌していました。

生ビールは、最終工程でこの加熱殺菌をしていません。今は、ろ過技術が発達したので、死滅した酵母を取り除くことが可能になりました。ですから、私たちは生ビールをおいしくいただけるのですね。

生ビールの定義は各国で違いますが、日本の場合は、熱処理をしていなければ、たるに入っていても、瓶や缶に詰められていても生ビールとなります。

生ビールの定義は、国によって違うの。米国、英国、ドイツ、ベルギーなどは、熱処理の有無に関係なく、たる詰めされた、出来たてビールのことをいうのよ

こんにゃくの上手な保存法は？

冷蔵庫に残る食材…。毎回毎回、買ってきたものを使い切れればよいのですが、それを許してくれないのが台所事情。残りものを上手に使って料理する技も必要ですが、残りものを適切に保存する方法も大事です。今回はその保存法を検証してみましょう。

まずは、食卓の優等生である豆腐。栄養豊富ですし、手軽な食材ですよね。豆腐が残ってしまったとき、どう保存すればよいでしょうか。豆腐のパック内の水は、もともと真水です。ですから、密閉容器に豆腐がかぶる程度のきれいな水を入れて冷蔵庫に。水が濁らないように毎日取り替えれば、２、３日は保存できます。

豆腐の場合は、みなさんこの方法でしているかと思いますが、迷ってしまうのが、こんにゃくを余らせてしまった場合です。こんにゃくの保存方法は豆腐とは異なり、袋に入っていた液体の中に戻すのが正解です。

こんにゃくの製造過程では、水酸化カルシウムというアルカリ性の物質が使われます。保存している液体は、この水酸化カルシウムと同じアルカリ性の性質をもっています。ですから、同じ環境で保存した方が、こんにゃくは長もちするのです。

こんにゃくに入っていた液体と一緒に密閉容器に入れて、もし

袋の中の液体に戻す

くは、元の袋に戻して口を閉じて冷蔵庫に入れてください。そうすれば、1、2週間はもちます。水もの系の食品は、元の保存している液体の性質を考えることがポイントになります。

毎日の献立を考えるのも大変ですが、悩ましいのが余った食材の保存です。製造過程からさかのぼって考えて、上手に冷蔵庫のマネジメントをし、使い回しができるようになるといいですね。

魚の臭みはどこから来るの？

肉に比べると、魚は独特のにおいがあるから苦手…という人も少なくないでしょう。そもそも、魚はどうしてにおうのでしょうか？

魚は特有のにおいをもちますが、釣ったばかりの魚は基本的に、においがありません。魚の臭みは、釣った後に魚の体内で進む化学反応によって生まれます。変温動物の魚は、周囲の環境と同じ温度で生きています。食用の魚の多くは、冷たい海で暮らしています。魚が餌を摂取して、代謝するときの酵素は低温で働きます。

一方、獣肉《じゅうにく》の酵素は、36～38 度程度の体温で働きます。魚は釣られた後でも、体内で酵素反応が活発に進みます。でも、そのとき代謝できず循環系が動かないので、酵素反応の結果生まれた物質が、たまり続けてしまいます。その物質のせいで臭みが生じるのです。

また、獣肉の油脂は「飽和脂肪酸」とよばれるものが大部分を占めますが、魚の油脂は「不飽和脂肪酸」という物質がほとんどです。不飽和脂肪酸は融点（溶ける温度）が低いので、低い温度で生活している魚にとって適した脂質なのです。

不飽和脂肪酸は酸化しやすく、独特のにおいを発します。これも魚のにおいのもとになるのです。でも、魚の不飽和脂肪酸であ

るＥＰＡやＤＨＡとよばれる物質は、中性脂肪やコレステロール値を減らすという大事な働きがあります。

魚を買うときは、できるだけ新鮮なものを選びましょう。魚の場合は、肉と違って冷蔵している温度でも、先に書いた通り、酵素反応がどんどん進んでしまいます。ですから、冷蔵していても臭みが増してしまうのです。

おいしい魚は新鮮なうちに！　が原則です。産地とれたての魚が美味なのもわけがあります。

先生～、肉だけでなく、お魚も積極的に、バランス良く取ることが大切だにゃ
魚好き
肉好き

みそやショウガ、かんきつ類などで臭みを消すと、お魚もおいしく食べられるにゃ!!

温度を保つ優れもの
魔法瓶の秘密

エコライフを心掛ける人が増えたせいか、もち歩き用の魔法瓶を見かけることが多くなりました。暑い日には冷たい飲み物を入れて活躍しますし、寒い時期は、温かい飲み物をもち運ぶのに役に立つことでしょう。この魔法瓶、名前の通り「魔法」のようです。冷たいものは冷たいまま、温かいものは温かいままにできるのです。

温度を保てる秘密は二つあります。まずは「熱伝導」というキーワードで説明できます。熱伝導とは、何かを介して熱が伝わることです。魔法瓶は、外瓶と内瓶の二重構造からなり、外瓶と内瓶との間は真空状態になっています。

普通の容器ですと、容器の壁を通して熱が伝わるので、熱いものは外部に熱が逃げていき、冷たいものは外部から熱を取り込みます。ですから、温度が変化してしまうのです。でも、魔法瓶には真空状態の「壁」があります。真空ですと、熱の運び手である空気が存在しないので、熱が伝わりません。冷たさも熱さもそのままの状態でいられるのです。

魔法瓶の秘密のもう一つのキーワードは「熱放射」です。空気や容器など物を通さずに、太陽の光や赤外線などによって直接熱が伝わることを熱放射といいます。つまり、熱伝導を防ぐことが

「熱伝導」
「熱放射」

できても、熱放射によって容器の内側の温度は変わってしまうのです。

でも、魔法瓶の内瓶の内側は、鏡のような銀色の壁になっています。この銀色の壁が熱を鏡のように反射するので、逃げようとした熱が跳ね返って戻ってきます。そのため熱放射を防ぎ、温度を保つことができるのです。

魔法瓶は、熱伝導と熱放射という熱の仕組みを使いこなす優れものなんですね。

ジョギング中
休憩
空洞
水
断面
ゴク
ゴク
生き返ったにゃ〜
タンブラーは、魔法瓶と違って内側が
真空や鏡面でないものもあるけれど、
二重構造になっているから、多少の
保温・保冷効果は期待できるのよ

味覚は どのように形成される？

ピーマンやゴーヤーなど、基本的に子どもは苦いものが苦手ですよね。でも、大人になると食べられる人がほとんどになります。これはどうしてでしょうか？

味には五つの基本味があります。甘味・塩味・苦味・酸味・うま味です。それぞれの味は、食物特有の栄養素や成分と結びついています。

甘味は、糖など体に必須のエネルギー源となる物質にみられる味です。塩味は、塩分などミネラルに関係しています。糖もミネラルも私たちの体を維持するためには欠かせません。うま味はグルタミン酸などの味です。グルタミン酸はタンパク質が分解したものです。タンパク質も必須の栄養素です。

一方、酸味はどうでしょうか？　酸味は一般的に腐敗した食品特有の味なので、人は本能的には酸味を嫌います。でも、繰り返しの食体験によって「この食品は安全だ」と理解すると、味わうことができるようになります。また、酸味の強い食品は唾液の分泌を促すので、口の中に残る味…たとえば、脂っぽい食事を食べた後などに、体が欲する場合もあります。

そして、苦味です。苦味は毒物の味を連想させるので、酸味と同じように、基本的に避けられてしまう味です。本能が苦味を避

食体験重ね 安全を理解

けるのです。でも、酸味のように繰り返して食べて体験し、安全だと学習できた食物は、食べることができるようになります。

子どもが苦いピーマンやゴーヤーを嫌うのは、大人のように体験して学習していないからなのです。ですから、安全だと体感して、何度も口にするようになれば、ピーマンやゴーヤーの特有の味も楽しめるようになります。

味覚の形成も体験からです。食生活は大事ですね。

肉詰めピーマンは
いかが？
苦いにゃ〜
ピーマン
ゴーヤ

苦味のある食べ物は、繰り返し食べることで安全だと理解し、さらにそれ以外の味との組み合わせで、おいしいと感じられるようになるの。苦味そのものは本能的に避ける味なの

消しゴムで消えない色鉛筆

黒い鉛筆は、紙に書いた後でもするっと消しゴムで消せますが、色鉛筆を消すのは簡単ではありません。色鉛筆でかき損じたものを消そうとして難儀し、イライラした経験をおもちの人は多いでしょう。どうして黒い鉛筆に比べ、色鉛筆は消しにくいのでしょうか？

それは、黒い鉛筆と色鉛筆では、作り方が異なるからです。黒い鉛筆は、黒鉛と粘土を混ぜたものを1000度以上で焼いて作ります。粘土の割合が多いほど、黒鉛筆の芯は硬くなります。紙に黒い色をつけるのは黒鉛ですが、黒鉛は紙の細かい凹凸につく力が弱いのです。

また、黒鉛筆の芯は硬く仕上がるので、紙の繊維に入り込みにくくなります。ですから、普通の鉛筆で紙に色がついても、消しゴムの吸着力によって、黒鉛を簡単に落とすことができるのです。ちなみに、シャープペンシルの芯は、鉛筆に使われる粘土の代わりに、ポリマーを使っています。

一方、色鉛筆はどのような作り方をしているのでしょうか？色のついた顔料がもちろん必須ですが、そのほかにすべりやすくするために、滑石《かっせき》やワックスを入れています。顔料・滑石・ワックスを混ぜて固め、50度程度の温度で乾燥させます。黒い鉛筆

材料が紙の繊維に入る

は1000 度以上で焼き固めて作るので丈夫ですが、色鉛筆の材料は高温にすると溶けてしまうので、乾燥させるだけです。

色鉛筆の材料となっているワックスは、紙の凹凸に入り込みやすい性質をしています。ワックスは紙の繊維とよくなじむため、色鉛筆で描いた後の線や絵は、消しゴムでは簡単に消すことができません。

黒い鉛筆と色鉛筆、一見そっくりですが、消しゴムとの「相性」がこうも違うのは、材料の違いにあるのです。

ワックスの代わりに、紙の凹凸に入り込みにくいポリマーや油を使っているのよ

金属アレルギーを防ぐには

おしゃれのためのピアスやネックレス、指輪などのアクセサリー。これらで肌がかぶれてしまった経験のある人はいるでしょう。これは「金属アレルギー」とよばれる症状です。アクセサリーを身に着ける女性だけでなく、眼鏡のフレーム、時計の金属部分なども原因となるので、男性にも関係のある話です。

そもそも金属ですが、人体にあきらかに有害なものがあります。たとえば、鉛やカドミウムです。鉛はかつて、化粧用のおしろいなどにも使われていましたが、人体への中毒が知られるようになってから、使用が禁止されました。カドミウム中毒は、イタイイタイ病などでご存じでしょう。

一方、人体の生命を維持するために、微量ではありますが、欠かせない金属もあります。これらの金属は「必須金属」とよばれ、カルシウム・鉄などが代表的です。必須金属であるにもかかわらず、ニッケル・コバルト・クロムなどは、金属アレルギーの原因になってしまうのです。必須金属でも、種類によっては過剰摂取により、肌のトラブルが起きます。

金属アレルギーのメカニズムは、未解明の部分があります。一説には、これらの金属が皮膚に触れることで、塩素イオンを含んだ汗などでイオン化された金属が体内に入り、体内のタンパク質

汗をかくときは外して

と反応した物質によってアレルギー反応を起こすといわれています。

これを防ぐには、ニッケルなど金属アレルギーを起こしやすい金属と触れるのを避けることです。原因となる金属が主成分でなくても、合金やメッキという形で使われる場合があるので注意してください。また、汗によって金属が溶け出すので、汗をかくときは、アクセサリーや時計などは外した方がよいでしょう。

今日の先生はおしゃれだにゃ〜♡
でも、耳たぶ、かぶれないのかにゃ？
そぉ？
ピアス…
このピアスの軸の素材はチタンなの。セラミックに近く、金属アレルギーを起こしにくいといわれているのよ

大掃除の味方！メラミンフォーム

普段からまめに掃除をしていれば楽なはずなのに、時間がたってしまった汚れは落としにくい。毎度、そんな後悔をしている私です。

でも、落としにくい汚れをきれいにしてくれる味方があります。それは「メラミンフォーム」「メラミンスポンジ」などとよばれる物です。ドラッグストアや百円ショップでも売っています。

メラミンフォームに水をつけて、汚れをこするだけで、びっくりするくらい汚れが落ちます。しかも、洗剤いらずという不思議さ。キッチンやお風呂場の掃除にうってつけです。そのほか、コップの茶渋を取るときなどにも重宝します。

ではなぜ、洗剤なしであれだけ汚れが取れるのでしょうか？その不思議を探ってみましょう。

メラミンフォームは、メラミン樹脂を発泡させてスポンジ状にした製品です。非常に細かい繊維で、極小の網目の構造をしています。

メラミンフォームが汚れを落とす仕組みは、実は消しゴムと同じなのです。これに水をつけて汚れをこすると、細かい繊維が汚れをかき取って、落とすのです。このとき、メラミンフォームの成分が「汚れかす」として本体から離れ、小さくなっていきます。

細かい繊維が
汚れを除去

かすが出るので、掃除した後は、水拭きしたり、洗い流すなどしましょう。

ただ、メラミンフォームは、細かい繊維を削り落とすので、光沢があるプラスチックやステンレスに使うと、光沢が取れてしまいます。

また、絵などが描かれているものも、それを落としてしまう場合があります。心配な場合は目立たない部分で試してから使ってみてください。

メラミン…
どこかで聞いた
ことがあるにゃ～
スポンジ
●品名
キッチンスポンジ
●材料
メラミン樹脂
中国で粉ミルクに有害物質のメラミンが
混入した事件があったわよね。メラミン
樹脂はまったく別物で、食器にも
使われているのよ

あとがき

この本は、私の家事嫌いが高じてできた一冊です。ひょっとしたら意外に思われるかもしれません。家事「好き」が高じて、ではないのです。ではなぜ、このように料理やくらしにまつわる科学を書き続けているのでしょうか?

勉強だけをしてぬくぬくと育ってきた私は、いざ家事をする場面に放り込まれると、途方に暮れる毎日でした。あんかけを作ろうとしたら、片栗粉を使うべきところ、間違えて小麦粉を使ってしまい、とろみがつかない。卵白を泡立ててメレンゲを作ろうとしたところ、失敗し続けて卵1ダースを無駄にしてしまう。そんな情けない日々でした。

でも、それぞれの原因を探ってみたところ、「小麦粉と片栗粉は、同じデンプンでも糊化するときの温度や粘度が違う」「卵白が気泡を形成するのはタンパク質が変性して膜を作るからだが、油はその膜を破壊する」とわかりました。失敗の裏側には、科学がある。ここで「普段着の科学」を見つけました。

小さいころから科学が好きで、理系の大学院にまで行き、科学の姿をそれなりに知っているつもりでした。でも、私が知っていたのは「よそ行きの科学」だけだったのです。家事と関わっている科学は、簡単には見つけることができませんでした。

普段着の科学を見つけてから、目の前が明るくなったといっても大げさではありません。家事に対するまなざしが変わりました。家事の失敗を通じて、科学という「めがね」を手に入れることができたのです。科学は私にとって、新しい視点を導入する道具になりました。それ以降、あちこちに隠れている普段着の科学を探しまわって、おもしろがっているのです。

本書は、東京・中日新聞の連載「おうちの科学」をまとめたものです。ここで取り上げられている内容は、役に立つものも、役に立たないものもあります。即効性のある便利ワザが揃っていないことに、失望される方もいるかもしれません。でも、「めがね」としての科学のあり方をお伝えしたいという想いから連載を続けてきました。

その想いを書籍という形にすることは、私ひとりでは叶いませんでした。イラストレーターの赤塚千賀子さんとご一緒できたおかげで、走り続けることができました。連載の担当者であった中日新聞の記者、野村由美子さん、有賀博幸さんにも大きなご助力をいただきました。また、本書は2011年に刊行された『おうちの科学』の続編にあたります。新聞連載の読者の皆さま、前作の読者の皆さまのおかげで、本書が実現しました。そして前作に引き続き、本書を担当して下さった丸善出版の渡邊康治さんのご尽力にも感謝を申し上げます。そして、右往左往しながらの私の仕事ぶりを温かく見守ってくれた家族・友人たちにも、この場を借りて感謝の意を伝えます。

この本を通じて、ひとりでも多くの方が、新しい「めがね」としての科学を使って、人生をより楽しんでくださいますように。

2013年6月　内田麻理香

著者紹介

内田麻理香

サイエンスコミュニケーター・サイエンスライター

1974年千葉県生まれ。東京大学工学部応用化学科卒、同大学大学院工学系研究科応用化学専攻修士課程修了。同大学院博士課程進学、日本学術振興会特別研究員(DC1)。2005年に処女作を出版したのち、サイエンスライターとなる。2007年に東京大学工学部広報室特任教員に就任、その後独立。各種媒体を通じてサイエンスコミュニケーターとして活動中。主な著作は『カソウケン(家庭科学総合研究所)へようこそ』、『恋する天才科学者』(共に講談社)、『科学との正しい付き合い方』(ディスカヴァー・トゥエンティワン)、『理系なお姉さんは苦手ですか?』(技術評論社)。主な出演番組は「世界一受けたい授業」(日テレ系列)、「すイエんサー」(NHK教育)。2009年より東京大学大学院学際情報学府博士課程在籍中。

本書は東京・中日新聞の生活面(毎週日曜日)に連載中の「おうちの科学」を書籍用に再編集したものです。

もっと！おうちの科学

暮らしに効く 55のおいしい知恵となるほどコラム

平成25年7月20日発　行

著作者　内田　麻理香

発行者　池　田　和　博

発行所　丸善出版株式会社

〒101-0051　東京都千代田区神田神保町二丁目17番
編集：電話(03)3512-3266／FAX(03)3512-3272
営業：電話(03)3512-3256／FAX(03)3512-3270
http://pub.maruzen.co.jp/

組版印刷・製本／大日本印刷株式会社

ISBN 978-4-621-08691-9 C 0340　　Printed in Japan